Kreatives Modedesign mit Illustrator®

Kreatives Modedesign mit Illustrator®

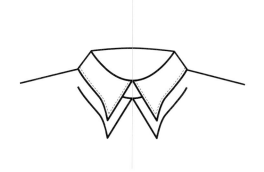

Kevin Tallon

stiebner

Dieses Buch widme ich allen, die mir bei der Umsetzung geholfen haben, und allen, die mit diesem Buch großartige Mode kreieren. Mein besonderer Dank gilt meiner Partnerin Binia, die zahllose Nächte mit mir durchgearbeitet hat, um den Text zu schreiben und das Buch zu gestalten.

Die englische Ausgabe dieses Buchs erschien 2006 unter dem Titel „Creative Fashion Design with Illustrator®" bei Batsford, einem Imprint der Anova Books Company Ltd.

Copyright © Batsford 2006
Copyright © Text und Bilder Kevin Tallon 2006

Die Screenshots der Adobeprodukte werden mit freundlicher Genehmigung der Adobe Systems Inc. wiedergegeben.

Adobe Illustrator® ist eine eingetragene Marke der Adobe Systems Inc. in den USA und anderen Ländern.

Aus dem Englischen von MCS Schabert GmbH unter Mitarbeit von Bea Reiter (Übersetzung), Martin Arz (Redaktion), Monika Judä (Redaktion).

Bibliografische Information der Deutschen Bibliothek
Die Deutsche Bibliothek verzeichnet diese Publikation in der Deutschen Nationalbibliografie; detaillierte bibliografische Daten sind im Internet über <http://dnb.ddb.de> abrufbar.

Alle Rechte der deutschen Ausgabe
© 2007 Stiebner Verlag GmbH, München
Alle Rechte vorbehalten. Wiedergabe, auch auszugsweise, nur mit ausdrücklicher Genehmigung des Verlages.

Printed and bound in China

www.stiebner.com

ISBN-13: 978-3-8307-0840-7

Inhalt

Einleitung 6
1: **Die Methodik** 9
2: **Einführung in Illustrator** 13
3: **Grundlagen-Übungen** 19
4: **Übung Zeichenstift-Werkzeug** 44
5: **Übung Erste Modeskizze** 51
6: **Übung Rockskizze** 63
7: **Übung Hosenskizze** 69
8: **Übung Blusenskizze** 78
9: **Übung Jackenskizze** 89
10: **Übung Jeansskizze** 100
11: **Übung T-Shirt-Skizze** 108
12: **Galerie Zeichnungen** 116
13: **Maschenware und geometrische Muster** 122
14: **All-over-Print-Muster** 127
15: **Stoffe, Wascheffekte und Placement-Prints** 135
16: **Besatzentwurf und Besatz-Bibliotheken** 143
17: **Designdetails mit dem Pinsel erstellen** 153
18: **Logobesätze und Grafikstile** 160
19: **Änderung und Präsentation von Entwürfen** 165
20: **Weitergabe von Entwürfen** 171
   Register 175

Einleitung

Was versteht man unter kreativem Modedesign mit Illustrator? Um das zu beantworten, muss ich bis in das Jahr zurückgehen, in dem alles begann: 1991. Damals habe ich in Genf gelebt und Skateboard-Kleidung für mein eigenes Modelabel entworfen. Da ich keine formale Modeausbildung hatte und lediglich Ideen für coole Skater-Mode umsetzen wollte, verbrachte ich meine Tage meist damit, vor Ort gekaufte Stoffe für Hosen und Shorts zuzuschneiden. Meine Abende waren für Skateboarden und das Testen der Entwürfe mit meinen Skaterfreunden reserviert. Ein Schlüsselelement meiner Kollektion bildeten T-Shirts mit auffälligen Logos und Bildern. Die Druckvorlagen dafür bastelte ich meist selbst, und die T-Shirts wurden mit Unterstützung von Freunden manuell bedruckt.

Etwa zehn Jahre vorher war ich zum ersten Mal mit Computern in Berührung gekommen, nachdem ein Sinclair ZX Spectrum in unserer Wohnung aufgetaucht war. Ich war Feuer und Flamme und verbrachte Stunden mit dem Laden von Spielen – damals noch auf Audiokassetten – in die quälend langsame, aber innovative Maschine. Spiele waren eine großartige Möglichkeit, sich mit der neuen Computertechnologie vertraut zu machen. Ich spürte, wie sich eine spezielle Beziehung zwischen der kleinen Maschine und mir entwickelte. Wie zahllose andere Jugendliche gehörte ich zur ersten Generation, die Heimcomputer und Computerspiele für sich entdeckte. Damals gab es den PC noch nicht, und der Rechner, den ich benutzte, hatte ein Memory von 48 KB – weniger als ein durchschnittliches JPG-Bild!

Einige Jahre später hatte ich ein Schlüsselereignis. Es war, glaube ich, im Frühling 1985, als mir ein guter Freund seinen brandneuen Apple MacIntosh vorstellte. Voller Stolz führte er mir die vielen Funktionen und Möglichkeiten des Computers vor. Ein Programm ließ mich mit offenem Mund dastehen: MacPaint – eine der ersten Grafikanwendungen für den ambitionierten Laien. Die Anwendung war zwar rudimentär, aber trotzdem bahnbrechend. Im Grunde genommen erstellte die Schnittstelle des Programms eine Vorlage, die auch heute noch die Basis vieler kreativer Medienanwendungen ist. Bereits nach fünf Minuten konnte ich mit der Spraydose lustige Formen auf den Bildschirm zaubern. Es war ganz einfach.

Danach gab es für mich nur noch eins: Ich musste einen Mac haben. Der einzige Haken an der Sache war das Preisschild. Macs kosteten damals ein kleines Vermögen, und nur Designstudios oder Reiche

MacPaint

konnten sich einen leisten. Ich war weder das eine noch das andere. Ich musste warten. Lange. Sehr lange.

Fast zehn Jahre später hatte ich die Idee, einen Mac zu kaufen, fast schon wieder vergessen. Ich hatte Modedesign für mich entdeckt und brachte mir gerade Schnitttechnik und Nähen bei. Meine Leidenschaft waren jetzt Nähmaschinen, aber ein zweites Schlüsselereignis brachte den Computer wieder ganz nach oben auf mein Programm.

Wie bereits erwähnt, waren Druckdesigns in meiner Kollektion sehr wichtig. Allerdings fand ich inzwischen die begrenzten Möglichkeiten von handgemachten Druckdesigns, die zudem noch amateurhaft aussahen, ziemlich langweilig. Zum Glück hatte einer meiner Freunde ganz in der Nähe ein Grafikdesign-Studio, in dem auch ein paar Macs herumstanden. Und auf die hatte ich es abgesehen! Ich verbrachte viel Zeit damit, meinem Freund und seinem Kollegen bei der Arbeit mit dem Illustrator zuzusehen, und irgendwann wurde mir klar, dass ich genau das machen wollte, was die beiden machten. Jetzt musste ein Mac her. Brandneu kam nicht in Frage, also sollte es ein gebrauchter Rechner sein: ein Mac Colour Classic mit einer mordsgroßen 40-MB-Festplatte und einem 10-MB-Memory. Ich fing mit Illustrator 3 an, der damals schon überholt war, aber immer noch taugte, um die

Grundlagen der Anwendung zu lernen. Der Kultstatus des Mac hatte zur Folge, dass ich nicht den Eindruck hatte, mit einem Computer zu arbeiten, sondern eher mit einem Werkzeug wie Stift oder Pinsel. Das sollte zu einem Schlüsselelement meiner Methodik werden. Ich kam mir nicht wie ein Sklave des Computers vor und wollte ihn nicht anders behandeln als einen Pinsel. Aber der Mac war dem Pinsel haushoch überlegen, und ich habe ihn auch sehr viel besser als meine farbverkrusteten Malwerkzeuge behandelt!

Die Skateboard-Modeszene begann mich zu langweilen. Wenn man einmal die perfekten Shorts, Hosen und T-Shirts entwickelt hat, bleibt im Grunde genommen nicht mehr viel zum Entwerfen übrig. Ich brauchte eine neue Herausforderung. Ich hatte immer noch keine formale Modeausbildung und spürte, dass dies eine Gelegenheit war, es zu versuchen und meine Kenntnisse zu erweitern. Nach einem Gespräch mit der Mutter eines Freundes, die zufällig ausgebildete Modedesignerin war, stieß ich auf die Saint Martins School of Art. Ohne groß zu überlegen, ließ ich alles stehen und liegen und flog nach London, nur mit einer großen Tasche, die meine Siebensachen enthielt, und einer riesigen Kiste, in der mein Mac und mein Laserdrucker steckten (was meinen Vater zur Verzweiflung brachte, denn er musste für mein Übergepäck zahlen).

In London bewarb ich mich für einen Sommerkurs in Modeillustration. Ich zeichnete gern und war von meinem Großvater unterrichtet worden, der auf Cartoons und Karikaturen spezialisiert war. Wieder in Genf, absolvierte ich einen Abendkurs in Aktzeichnen, in dem auch Modedesign behandelt wurde. Der Kurs wurde von Saint Martins gehalten und war mein erster Schritt zu einem Studium an der berühmten Kunsthochschule. Sechs Monate später bewarb ich mich für ein Bachelor-Studium im Bereich Herrenkleidung. Ich wurde angenommen und begann im folgenden Herbst mit meinem Studium.

Meiner Meinung nach ist Saint Martins wegen seines informellen Lehrplans und der anregenden Atmosphäre zu einer Brutstätte für außergewöhnliche kreative Menschen geworden. Ich habe meine Zeit am College sehr genossen und konnte neue Konzepte entwickeln und mit Designideen experimentieren. Am Ende meines ersten Studienjahrs wurde mir für die Semesterferien im Sommer ein Praktikum bei Katharine Hamnett angeboten. Das Beste daran war, dass ich fast direkt neben ihrem Studio wohnte. Die zweite Überraschung war, dass Katharine gerade einen brandneuen Apple Power Mac 8100 mit einem riesigen 21-Zoll-Bildschirm und einem Fiery RIP (Raster Image Processing) gekauft hatte, der mit einem Farbkopierer verbunden war. Das war so ziemlich das Beste, was man als Small-Office-Computer und Drucksystem bekommen konnte, aber weil es so neu war, wusste nur eine Handvoll Leute, wie man damit umging, und ich war so ziemlich der Einzige, der wusste, wie man mit Illustrator umging. Einfach perfekt! Am Ende des dreimonatigen Praktikums flehte ich den Studioleiter an, mich zu behalten, mit der Begründung, ich sei schließlich der Einzige, der Illustrator beherrsche und brauchbare Grafiken liefern könne. Ich wurde auf freiberuflicher Basis eingestellt und arbeitete zwei Tage die Woche im Studio, während ich in der übrigen Zeit studierte. In den nächsten drei Jahren lernte ich, wie man den Mac mit Illustrator (und anderen Anwendungen) kreativ im Modedesign einsetzt. Damals kam mir zum ersten Mal der Gedanke, mich im Bereich Grafik und Modedesign selbstständig zu machen.

Nach meinem Abschluss am College hatte ich mehrere Kunden, für die ich entwarf. Meine Designs bekamen sie in digitaler Form. T-Shirt-Grafik, Zeichnungen und Besätze wurden wie am Fließband hergestellt und an zufriedene Kunden weitergegeben. Für mich war es sehr wichtig, mich nicht als Mac-Benutzer zu sehen, sondern als kreativen Designer, der den Computer als Werkzeug benutzte. Aber ich musste meine Termine einhalten und konnte es mir nicht leisten, Stunden für eine Zeichnung oder ein Druckdesign aufzuwenden. Die Maximierung der Arbeitsabläufe und der Produktivität wurden zu einem Schlüsselelement meiner Arbeit.

Nachdem ich drei Jahre für verschiedene Firmen gearbeitet hatte – von einer hippen Marke in East London bis hin zu einer weltweit vertretenen Modekette –, beschloss ich, wieder ein eigenes Label zu gründen. Das gab mir die Freiheit, das zu entwerfen, was ich für wichtig hielt. Wenn man als freiberuflicher Designer oder Consultant arbeitet, neigt man dazu, nur für einen bestimmten Teil der Modebranche tätig zu sein. Als ich wieder mein eigenes Label hatte, musste ich mich mit allen Aspekten beschäftigen – von der Kalkulation und Produktionsthemen bis hin zum Vertrieb und Bekleidungstechnik.

Ich war gezwungen, meine Kenntnisse im Umgang mit Illustrator zu vertiefen, vor allem, was das Produktionsdesign anging (Größentabellen, Spec Sheets, Modification Sheets usw.). Auf dieses Abenteuer habe ich mich mit einem Geschäftspartner zusammen eingelassen, der die richtige Einstellung zum Vertrieb und der Produktion der Waren hatte. Ich habe eng mit Fabriken und Produktionsagenturen in Portugal und Großbritannien zusammengearbeitet. Ausschlaggebend war für mich, dass man mit der richtigen Fabrik oder Agentur das fertige Produkt direkt am Computer entwerfen konnte, ohne teure Muster und Prototypen anfertigen zu lassen. Dieser neue Trend hatte sehr viel mit dem Aufkommen neuer Technologien zu tun: E-Mail-Verfügbarkeit für die Masse, billigere Modems und Service-Provider, mit denen Benutzer gestochen scharfe Bilder in den Formaten PDF (Portable Document Format) und JPG (Kompressionsformat für Bitmap-Bilder) verschicken können. Ein Riesenunterschied zum alten Faxgerät mit seiner begrenzten Auflösung und dem Schwarz-Weiß-Farbbereich! Mitte der Neunziger begann der Siegeszug der E-Mail, begleitet von neuen, flexiblen Datenkompressionsformaten.

Da Illustrator mit Vektorgrafiken arbeitet, wird die PDF-Version einer technischen Spezifikation für ein Kleidungsstück auf einem DIN-A4-Blatt bei einer Auflösung von 300 dpi in der Regel nicht größer als 250 KB. Das heißt, dass sich mit dem damals üblichen 56-KB-Modem die PDF-Dateien des Illustrator erheblich schneller verschicken ließen als im qualitativ gleichwertigen Format JPEG. Plötzlich konnte man fast kostenlos und in weniger als ein paar Minuten handwerklich perfekte Zeichnungen in Farbe zu einer Fabrik auf der anderen Seite der Welt schicken. Zusammen mit einer wachsenden Nachfrage und Erwartungshaltung des Verbrauchers war das meiner Meinung nach einer der Schlüsselfaktoren dafür, dass große Modeketten plötzlich bis zu zwölf Kollektionen im Jahr produzieren konnten.

Das Tempo wurde schlagartig schneller. Die Zeiten, in denen Designer lediglich zwei Kollektionen im Jahr herausgebracht haben, sind vorbei. Da die Kunden sich heute eher für Stil als für Substanz interessieren, neigen sie dazu, billige „Wegwerfmode" zu kaufen. Firmen, die jeden Monat neue, billige und trendige Kleidung produzieren können, haben immer mehr Einfluss und Erfolg. Irgendwann kam ich zu dem Schluss, dass es keinen Sinn hatte weiterzumachen, wenn große Modeketten Kleidungsstücke zu dem Preis anboten, den ich der Fabrik für die Produktion meiner Entwürfe zahlen musste. Wenn ich dann noch meine Marge und die des Einzelhändlers aufschlug, war das Kleidungsstück etwa fünf Mal so teuer wie ein vergleichbares in der Filiale einer Kette. Meine Entwürfe waren zwar individueller und zweckmäßiger, aber für den durchschnittlichen Kunden ist das kein Grund, mehr Geld dafür hinzulegen, es sei denn, das Kleidungsstück stammt von einem jener bekannten Designer, die für eine ganz normale Five-Pocket-Jeans über 300 Euro verlangen können.

Meine Karriere ging wieder in Richtung Freiberuflichkeit und Saint Martins, als Chris New, mein Dozent für Herrenbekleidung, mich bat, Vorlesungen zum Thema Modedesign am Computer zu halten. Er war der Meinung, dass es vielen Studenten noch an den Computerkenntnissen mangelte, die die Modebranche inzwischen zwingend voraussetzte. Vorgesehen waren unter anderem Workshops. An diesem Punkt fing ich an, eine bestimmte Methodik zu entwickeln, um Modedesignern den Umgang mit Illustrator beizubringen. Meine Schüler waren höchst individuelle, kreative Menschen, die Schwierigkeiten damit hatten, sich hinzusetzen und sich anzuhören, wie etwas funktioniert, ohne dabei etwas „tun" zu können. Daher legte ich den Schwerpunkt meiner Unterrichtsmethodik auf die praktische Arbeit am Computer, schließlich geht Probieren immer über Studieren. Im Laufe der Zeit habe ich meinen Kurs dann immer wieder überarbeitet, um ihn für kreative Menschen interessant zu machen.

In den nächsten drei Jahren unterrichtete ich bei verschiedenen Projekten mit einem ähnlichen Format und begann mit Unterstützung von Willie Walters, der Direktorin des Fachbereichs Mode, und Chris New, einen Abendkurs über Modedesign mit Illustrator zu halten.

In den letzten 15 Jahren habe ich mich eingehend mit dem Zusammenhang von Mode, Computer und Kreativität beschäftigt. Das hat mir das Wissen und die Erfahrung für die Entwicklung einer Methodik und Übungen vermittelt, mit denen ich Modedesignern zeigen will, wie sie den Illustrator effektiv und kreativ einsetzen und mit diesem Programm so einfach wie mit einem Stift arbeiten können.

Kapitel 1
Die Methodik

Die Methodik besteht aus drei Hauptkomponenten: dem Werkzeug (Illustrator und Computer), dem Benutzer (seine Bedürfnisse und Anforderungen) und der Arbeit (Qualität, Kreativität und Ausführung).

Wie Sie vielleicht in der Einleitung bemerkt haben, habe ich mir den Umgang mit dem Werkzeug selbst beigebracht und mir die Kenntnisse angeeignet, die für den Einsatz der Anwendung in der Modebranche erforderlich sind. Ein organisches und anpassungsfähiges Wachstum in die Anwendung zu bringen, ist die Grundlage der Methodik und bestimmt verschiedene Aspekte davon. Z. B. mache ich mir nicht die Mühe, etwas zu lernen, das ich nicht brauche. Das offizielle Benutzerhandbuch für Illustrator hat über 400 Seiten – und das ohne Übungen! Es erklärt nacheinander sämtliche Funktionen der Anwendung, ohne dem Benutzer zwei Schlüsselfragen zu stellen – wer er/sie ist und was er/sie mit dem Illustrator machen will. Der Benutzer ist die zweite Schlüsselkomponente bei der Methodik, bei der es in erster Linie um Menschen und nicht um empirische Dogmen geht. Dieses Buch und seine Methodik will nicht die beste und einzige Art des Umgangs mit Illustrator predigen. Es geht darum herauszufinden, welche Art von Arbeit der Benutzer mit der Anwendung erledigen will, ihm die Möglichkeit zu geben, seine kreativen Fähigkeiten durch die Verwendung dieses neuen, leistungsfähigen Werkzeugs zu erweitern, und – das ist das Wichtigste – ihm zu zeigen, wie die Anwendung für ihn am besten funktioniert. Wenn der Illustrator ein Auto wäre, würde Ihnen dieses Buch beibringen, wie Sie am schnellsten und effizientesten an Ihr Ziel gelangen.

Die Struktur der Methodik basiert im Wesentlichen auf meinem Computerkurs, der auf Modedesigner und deren Anforderungen ausgerichtet ist. Jeder, der den Kurs besucht oder dieses Buch liest, wird unterschiedliche Voraussetzungen mitbringen und unterschiedliche Anforderungen haben. Die Methodik versucht, dem gerecht zu werden. Jede Übung ist in sich abgeschlossen und kann ausgelassen oder übersprungen werden, wenn der Leser sie für unwichtig hält.

Die Methodik und die Übungen sollen dem Leser dabei helfen, sich mit Illustrator vertraut zu machen, und ihm die Kenntnisse vermitteln, mit denen er eigene Möglichkeiten erkunden und die Anwendung seinem Stil anpassen kann.

Kursteilnehmer waren bis jetzt Modestudenten der Saint Martins School of Art (Damen-/Herrenbekleidung, Maschenware, Marketing/PR und Textildesign) oder Profis aus der Modebranche, die den Umgang mit Illustrator lernen oder ihre Kenntnisse in diesem Bereich vertiefen wollten. Da die Teilnehmer unterschiedliche Voraussetzungen und Vorkenntnisse mitbringen, haben sie auch unterschiedliche Bedürfnisse. Die Methodik wurde, aufbauend auf dieser Grundvoraussetzung, entwickelt und ist daher flexibel und modular.

Ich habe in der Einleitung geschrieben, dass Kreative in der Regel „Praktiker" sind. Wenn sie in den Kurs kommen, wollen sie etwas lernen, aber ich halte es für sehr wichtig, dass die Beziehung zwischen der Methodik und den Kursteilnehmern nie von oben nach unten verläuft. Ich möchte, dass der Benutzer sich mit der Thematik beschäftigt und herausfinden will, wie man etwas macht, anstatt einfach gesagt zu bekommen, was er tun soll.

Am meisten Erfolg haben Kursteilnehmer, wenn sie um die Ecke denken können. Häufig gibt es mehr als nur eine Möglichkeit, um etwas zu erreichen, und je früher einem das klar wird, desto besser. Einige Kursteilnehmer, die nur rudimentäre Computerkenntnisse, aber den richtigen Denkansatz hatten, haben riesige Fortschritte gemacht. Andere dagegen, die die Welt lediglich linear sehen, können leicht an einen toten Punkt gelangen, da sie der Meinung sind, der einzige Weg vorwärts sei eine gerade Linie, anstatt das Problem einfach zu umgehen.

Ein Kursteilnehmer sollte nichts Unnützes lernen, sondern sich auf das konzentrieren, was für ihn am wichtigsten ist. Trotzdem sollte er zumindest zwei Dinge tun:

- Die Grundlagen der Anwendung lernen, die für Modedesign wichtig sind.
- Die Übungen den individuellen Anforderungen anpassen.

Ein reiner Modedesigner z. B. will lernen, wie man handwerklich perfekte Modeskizzen anfertigt, während ein Textildesigner eher Wert darauf legt, die Mal- und Grafikwerkzeuge des Illustrator zu beherrschen. Beide müssen jedoch die Grundlagen lernen, wenn sie in der Lage sein wollen, die für sie interessanten Übungen zu absolvieren.

Wegen meines kreativen Werdegangs und der in Saint Martins herrschenden Atmosphäre, die Kreativität und konzeptionelles Denken fördert, möchte ich den Kursteilnehmern dabei helfen, ihren eigenen

Stil und neue Möglichkeiten zur Schaffung von Designinhalten zu entwickeln. Wenn sie erst einmal die Grundlagen beherrschen, sollen sie selbst herausfinden, welche Möglichkeiten die Anwendung bietet. Die Übungen sind als Kompromiss für unterschiedliche Designrichtungen und unterschiedliche Voraussetzungen der Teilnehmer zu verstehen. Die Zeichnungen enthalten die zu ihrer Funktion gehörenden Standardelemente, übertreiben es aber nicht, was Details oder Styling angeht. Ein Beispiel: Bei einer Skizze für eine Jeans (rechts) wird ein einfacher Four-Pocket-Stil verwendet mit allen Elementen, die bei diesem Design in der Regel vorhanden sind. Nachdem die Designer die Grundlagen eines bestimmten Designs gelernt haben, sollen sie der Übungsskizze ihre eigenen Ideen und Details hinzufügen.

Ein weiterer wichtiger Aspekt der Methodik ist die Tatsache, dass man Freihandzeichnen beherrschen sollte, bevor man an einem Computer arbeitet. Selbst in der heutigen computerorientierten Welt lassen sich Stift und Papier durch nichts ersetzen. Computer haben den gesamten Produktionsprozess in der Modebranche übernommen, aber es geht immer noch schneller, eine Idee mit einer schnellen Skizze zu Papier zu bringen, als den Computer einzuschalten, Illustrator zu starten und dann mit dem Zeichnen einer Skizze zu beginnen. Manche Designer verwenden für ihre Freihandskizzen Stylus Palette, aber die Ergebnisse sind weder gut genug noch organisch genug, um überzeugen zu können. Darüber hinaus ist es auch wichtig, Recherchen zu einem Projekt durchzuführen und so viel inspirierendes Material wie möglich zu sammeln. Diese Recherchen sind wichtig und helfen Ihnen dabei, Kleidungsstücke mit mehr Tiefe und Bezug zu entwerfen.

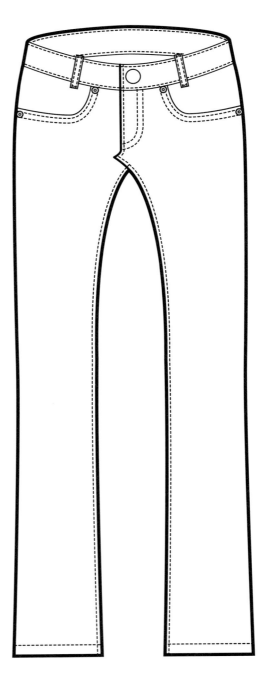

Gängige Four-Pocket-Jeans

Die Übungen

Abgesehen von ihrem theoretischen Aspekt, folgt die in diesem Buch verwendete Methodik einem ausgesprochen praktischen Ansatz und besteht gänzlich aus Übungen. Los geht es mit einfachen, grundlegenden Aufgaben, die immer anspruchsvoller werden. Der Leser kann deshalb mit den Grundlagen und den unbedingt erforderlichen Übungen beginnen, bevor er den Umgang mit den Schlüsselwerkzeugen des Illustrator lernt.

Darauf folgt eine Gruppe von Übungen, die sich mit dem Entwurf bestimmter Kleidungsstücke beschäftigen. Diese Übungen richten sich an fortgeschrittene Benutzer, die z. B. bereits Textildruck oder Maschenware entwickeln können. Zu beachten ist hier, dass bei den fortgeschrittenen Übungen die bereits erlernten Schritte nur kurz oder überhaupt nicht mehr angesprochen werden. In den Übungen am Anfang kann der Benutzer jeden einzelnen Schritt eines Arbeitsvorgangs nachlesen, während in den späteren Übungen der Schwerpunkt auf komplizierteren oder aufwendigeren Aufgaben liegt. Ein Beispiel: Wenn in einer Übung am Anfang eine Duplizierung vorkommt, wird das folgendermaßen beschrieben: Form duplizieren (Form mit der rechten Maustaste anklicken und ziehen. Dann Maustaste bei gedrückter Alt-Taste loslassen), während es in den fortgeschrittenen Übungen nur noch heißt: *Duplizieren Sie die Form.*

Der Leser soll die verschiedenen Übungen miteinander mischen und kombinieren, bis er einen kompletten Entwurf erstellen kann. Für die Skizze eines Hemds aus gestreiftem Stoff mit einem Placement-Print z. B. braucht man Kenntnisse aus drei verschiedenen Übungen. Manche Übungen enthalten Tipps, die dem Benutzer einige der in der Modebranche verwendeten Techniken verraten, mit denen Entwürfe schneller und genauer erstellt werden können.

Umgang mit Illustrator

Die Methodik basiert darauf, dass man den Umgang mit einer Anwendung lernt, deren Zielgruppe nicht unbedingt Modedesigner sind. Was also spricht dagegen, eine speziell für die Modebranche entwickelte Anwendung zu lernen? Solche Programme sind in der Regel zu teuer, schwer zu lernen und bergen die Gefahr in sich, einen „Mac-Operator" aus Ihnen zu machen. Ein Mac-Operator ist jemand, der ständig am Computer sitzt und nicht kreative Produktionsarbeit für kreative Leute erledigt. In dieser Hinsicht ist Illustrator eine gute Wahl, denn das Programm ist verhältnismäßig preisgünstig und hat eine recht flache Lernkurve. Daher können auch Kreative damit designen, ohne sich gleich wie ein Computerfreak vorzukommen.

Da Illustrator keine speziell für die Modebranche entwickelte Anwendung ist, kann man damit auch vieles machen, was mit einer modespezifischen Softwarelösung gar nicht geht. Illustrator ist ein grandioses Werkzeug für sämtliche Belange des Grafikdesigns. Es ist in vieler Hinsicht ein Universalprogramm, das sich für eine ganze Reihe von Aufgaben eignet, z. B. Grafikdesign, Modeskizzen, Modegrafik, Besatzentwurf, Textildruck usw. Illustrator ist in erster Linie ein Werkzeug für den Produktionsprozess von Mode. Damit meine ich die Phase zwischen Designrecherche – einschließlich erster Freihandskizzen – und dem von der Fabrik angefertigten Muster eines Kleidungsstücks. Wenn Sie Ihre Kollektion anhand von Freihandskizzen entworfen haben, können Sie sie im nächsten Schritt mit dem Illustrator entwickeln und genauere Zeichnungen mit sämtlichen erforderlichen Details in Vorder- und Rückansicht erstellen. Diese sind dann so präzise, dass sie direkt an die Fabrik geschickt werden können, wo mit der Produktion der Muster begonnen wird.

Neue Wege gehen

Da die Methodik zum größten Teil in einer kreativen Lernumgebung entwickelt wurde, enthält sie ein stark experimentelles Element. Eine flexible Anwendung wie Illustrator kann vielen unterschiedlichen Anforderungen genügen. Die Methodik ist so aufgebaut, dass sie – wo immer möglich – vorhandene Grenzen auslotet und den Benutzer ermuntert, zu experimentieren und neue Wege zu gehen.

Um so etwas wie kreative Anarchie zu vermeiden, werden am Anfang nur solche Programmfunktionen vorgestellt, die ein Modedesigner unbedingt beherrschen sollte. Später kommen in den Übungen auch komplexere Funktionen vor, z. B. die Symbole, Pinsel und Grafikstile von Illustrator. Wer alle Übungen durchgearbeitet hat, sollte in der Lage sein, sich neue Möglichkeiten und Funktionen selbst anzueignen und diese auch entsprechend einzusetzen.

Ein weiteres wichtiges Element der Methodik und eine stete Herausforderung ist der Wunsch, immer schneller und rationeller zu arbeiten. Angesichts der steigenden Zahl von jährlichen Kollektionen und schnell wechselnden Trends sollte ein Designer in der Lage sein, schneller zu werden, indem er sich Tastaturbefehle zur Programmsteuerung und weitere Tricks und Kniffe aneignet. Ich bin immer froh, wenn mir ein Student zeigt, wie man banale Designprozesse (und davon gibt es eine ganze Menge!) besser, einfacher und schneller erledigen kann, was einem dann wiederum mehr Zeit für die kreative Seite von Modedesign gibt.

Ich hoffe, Sie wissen jetzt, auf was Sie sich da eingelassen haben. Und noch etwas – haben Sie Geduld mit sich und üben Sie so viel wie möglich. Wenn Sie das nicht tun, kann es sein, dass Sie das, was Sie so schnell gelernt haben, auch schnell wieder vergessen. Und jetzt noch eine letzte Warnung: Vergessen Sie nicht, Ihre Arbeit zu speichern, bevor Ihr Computer einen Crash hat!

Kapitel 2
Einführung in Illustrator

Adobe Illustrator wurde 1985 für den Apple Macintosh entwickelt. Damals hatte der Mac nur ein eingebautes monochromes 9-Zoll-Display. Illustrator trug zur Entwicklung größerer Bildschirme für den Mac bei, da es einen Bedarf für eine bessere Definition der Grafik und mehr Farbtiefe gab. Auf den Illustrator 1.0 folgte schnell die Version 1.1. Die nächste Version war die (nach einem neuartigen Versionsschema benannte) 88 – nach dem Jahr 1988, in dem das Release herauskam –, gefolgt von Version 3.0, die mehrere nützliche Funktionen enthielt. Die neueste Version ist Illustrator CS2, auch Illustrator 12 genannt. Die Übungen in diesem Buch wurden mit Illustrator 10 und Illustrator 12 erstellt. Illustrator 12 hat einige neue Funktionen, von denen manche in den Übungen verwendet werden und dann deutlich als nur in Illustrator 12 verfügbar gekennzeichnet sind. Eine dieser neuen Schlüsselfunktionen ist der Befehl zum **Interaktiv abpausen,** mit dem der Benutzer ein Bitmap-Bild automatisch in editierbare Vektorpfade umwandeln kann. Wenn Benutzer in diesem speziellen Fall nicht mit Illustrator 12 arbeiten, gibt es andere Möglichkeiten, um ein ähnliches Ergebnis zu erzielen, die in der entsprechenden Übung auch erklärt werden. Ich empfehle dem Leser, zumindest mit Illustrator 10 zu arbeiten, um den Übungen problemlos folgen zu können. Benutzer mit früheren Versionen des Illustrator müssen fortgeschrittenere Übungen, bei denen Funktionen wie Pinsel, Verlauf, Gitter und Grafikstile verwendet werden, ansonsten auslassen.

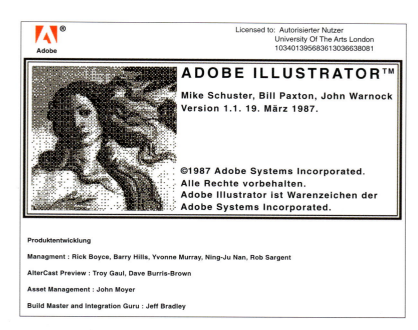

Illustrator 1.1

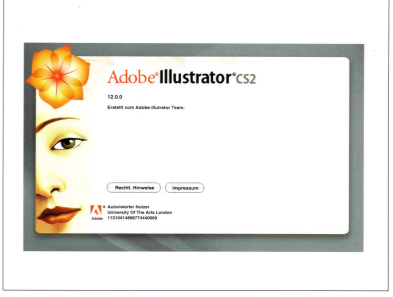

Illustrator CS2

Mac gegen PC

Dieses Buch basiert auf dem Betriebssystem Mac OS (Mac OS X). Prinzipiell unterscheidet sich die Verwendung von Illustrator auf einem Mac und einem PC lediglich in den Tastaturbefehlen. PC-Benutzer folgen den in den Übungen angegebenen Schritten und benutzen in 99 % der Fälle die Strg-Taste in Verbindung mit anderen Tasten und nicht wie beim Mac die Befehlstaste. Beim Mac wird die Befehlstaste + andere Tasten als Tastaturbefehl für Menüfunktionen verwendet (z. B. Befehl+O zum Öffnen eines Dokuments), während es beim PC die Steuerungstaste + verschiedene andere Tasten ist (Strg+O zum Öffnen). Auf einer Mac-Plattform wird die Befehlstaste auch als Apfeltaste bezeichnet (die Taste hat das Apple-Logo). Die GUI (Graphic User Interface = Grafische Benutzeroberfläche) von Mac OS X und Windows XP sind sich sehr ähnlich, und jeder Computerbenutzer kann problemlos von einem Betriebssystem zum anderen wechseln.

Da heute die meisten User mit einem PC auf Windows-Basis arbeiten, scheint es vermessen, mit einer Mac-Plattform zu arbeiten, um eine möglichst große Zielgruppe erreichen zu wollen. Es gibt allerdings drei Gründe, die für eine solche Vorgehensweise sprechen:

1. Illustrator wurde ursprünglich für den Mac entwickelt (1985). Für den PC war die Anwendung erst 1989 verfügbar, sie konnte sich aber erst 1995 mit der PC-Version 4.1 am Markt etablieren. Bis dahin haben PC-Benutzer vor allem mit Corel Draw gearbeitet.

2. Die GUI des Mac wurde 1984 mit dem ersten Mac auf den Markt gebracht. Das Schnittstellendesign in Kombination mit der Maus war bahnbrechend und hat Maßstäbe gesetzt. Bis heute haben Windows XP und Mac OS X sowie alle wichtigen Designanwendungen eine frappierende Ähnlichkeit mit dem ersten GUI des Mac. Vergleichen Sie die Werkzeugpalette von MacPaint, die Anfang der Achtziger entwickelt wurde, doch einmal mit den Paletten von Illustrator 12 oder Photoshop. Es ist viel besser, mit der originalen GUI zu arbeiten als mit einer Kopie davon.

3. MacPaint und MacDraw haben das Konzept einer einfach zu bedienenden, kreativen Schnittstelle bekannt gemacht. Die Arbeit mit

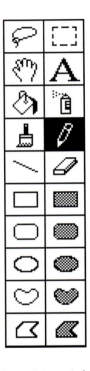
Werkzeugkasten MacPaint

Werkzeugkasten Illustrator CS2

MacDraw ist so einfach wie der Umgang mit einem Pinsel. Illustrator wurde auf der Schnittstelle von MacDraw aufgebaut, und obwohl Illustrator immer leistungsfähiger und komplexer geworden ist, ist nichts von der einfachen Bedienung und Flexibilität verloren gegangen. Entscheidend ist immer noch der Ansatz „Kreativität an erster Stelle", der auch für meine Methodik gilt.

Apple hat nun endlich auch eine Maus mit zwei Tasten auf den Markt gebracht. Ich selbst verwende schon lange eine Zweitastenmaus mit Scroll-Rad von einem anderen Hersteller. Für PC-Anwender sind Mehrtastenmäuse nichts Neues, und die Übungen in diesem Buch sind für eine Zweitastenmaus konzipiert (die Tasten werden als linke bzw. rechte Maustaste bezeichnet). Mac-Benutzer, die noch mit einer Eintastenmaus arbeiten, drücken einfach die Befehlstaste + Mausklick und ersetzen so ein Klicken mit der rechten Maustaste.

Die Anwendung und Ihr Betriebssystem

Wie jede Anwendung läuft Illustrator als eigenständiges Programm innerhalb des Betriebssystems. Nach der Installation von Illustrator werden die Anwendungsdateien automatisch in das Betriebssystem geschrieben. Das Anwendungssymbol finden Sie im Anwendungsordner, den Shortcut zum Programm im Startmenü (PC) bzw. im Dock (Mac).

Die Interaktion zwischen Illustrator und Betriebssystem beschränkt sich auf: Öffnen, Speichern und Drucken von Dateien.

Ich empfehle meinen Studenten immer, so oft wie möglich zu speichern, da ich schon zu viele Computercrashs miterlebt habe, bei denen die Arbeit mehrerer Stunden verloren ging. Gewöhnen Sie sich an, so oft wie möglich Befehl+S (oder Strg+S beim PC) zu drücken. Ich speichere immer, wenn ich einen wichtigen Schritt meiner Arbeit beendet habe. Zwar crashen Computer heute erheblich seltener als früher, aber Vorsicht ist besser als Nachsicht!

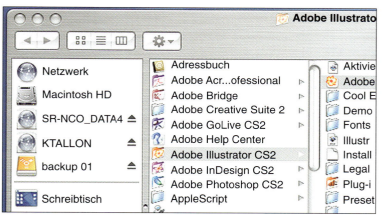

Anwendungsordner beim Mac

Dock von Max OS X

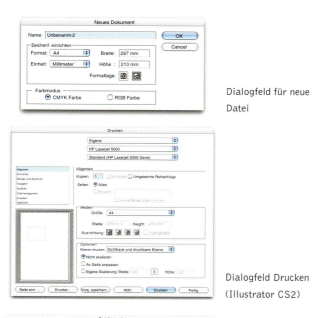

Dialogfeld für neue Datei

Dialogfeld Drucken (Illustrator CS2)

Dialogfeld Speichern (Illustrator CS2)

Die Oberfläche des Illustrator

Illustrator hat fünf große Schnittstellenbereiche: Menüleiste, schwebende Paletten, Zeichenfläche, Dialogfeld und Kontextmenü. Illustrator 12 hat noch einen weiteren Bereich: die Steuerungspalette.

Über die **Menüleiste** gelangen Sie zu allen wichtigen Funktionen des Illustrator. Viele können über Tastaturbefehle aufgerufen werden.

Die **schwebenden Paletten** finden Sie auf der rechten Seite des Bildschirms mit Ausnahme der **Werkzeugpalette**, die auf der linken Seite liegt. Unter Windows können schwebende Paletten über die Menüleiste aufgerufen werden. Von den vielen schwebenden Paletten eignen sich nicht alle für Modedesign. Es ist daher besser, nur die benötigten Paletten zu öffnen und alle anderen zu schließen.

Alle Paletten haben folgende Elemente:

1. Eine Titelleiste, die sich ziehen lässt, um die Palette zu verschieben.
2. Das Palettenfenster mit allen Elementen.
3. Einen Reiter mit dem Palettennamen.
4. Ein Pop-up-Menü, das sich durch Anklicken öffnet.
5. Einige Paletten enthalten am unteren Fensterrand Shortcut-Symbole.

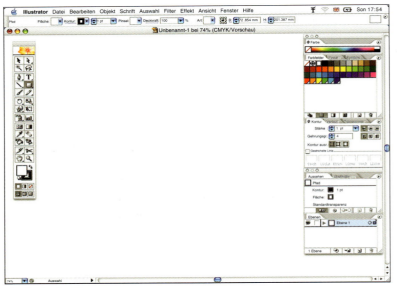

Oberfläche des Illustrator

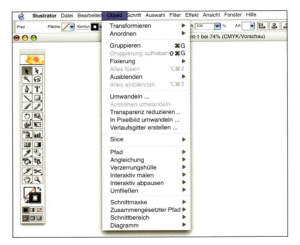

Menüleiste

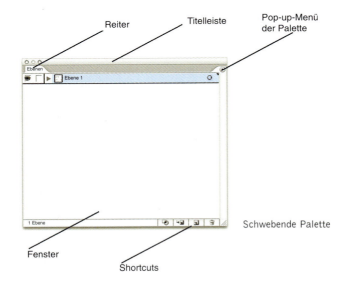

Schwebende Palette

Das **Zeichenfenster** enthält die Zeichenfläche, auf der Sie Ihr Bildmaterial erstellen. Wie viele andere Grafikanwendungen enthält das Zeichenfenster folgende Elemente:

1. Die Titelleiste, in der der Dateiname angezeigt wird. Durch Ziehen an der Titelleiste können Sie das Zeichenfenster verschieben.
2. Die Zeichenfläche, die drei mal drei Meter groß ist und in der Mitte Ihre Seite anzeigt.
3. Die Seite, die der ausgewählten Papiergröße entspricht.
4. Die Seitenaufteilung mit den Grenzen, die dem vom Drucker verwendeten Papierformat entsprechen.
5. Die Bildlaufleiste, mit der Sie nach oben und unten bzw. nach links und rechts scrollen können.
6. Die Statusleiste, die Informationen zu dem ausgewählten Werkzeug oder der gerade ausgeführten Funktion anzeigt.
7. Der Zoomfaktor und das zugehörige Pop-up-Menü.

Das **Dialogfeld** erscheint, wenn Sie Werte eingeben oder eine Auswahl treffen müssen. Wenn Sie z. B. ein neues Dokument erstellen, erscheint ein Dialogfeld, in dem Sie die Seitengröße festlegen können.

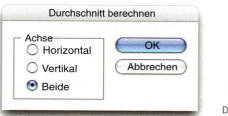

Dialogfeld

Das **Kontextmenü** ist ein Shortcut zu einigen Funktionen der Menüleiste. Illustrator enthält kontextabhängige Menüs, deren Inhalt sich auf das ausgewählte Objekt oder das Dokument bezieht. Kontextmenüs öffnen Sie durch einen Klick mit der rechten Maustaste oder einen Klick bei gedrückter Befehlstaste (bei einer Eintastenmaus). Mit Kontextmenüs gelangen Sie einfacher zu häufig gebrauchten Befehlen.

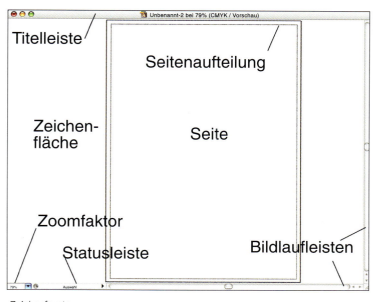

Zeichenfenster

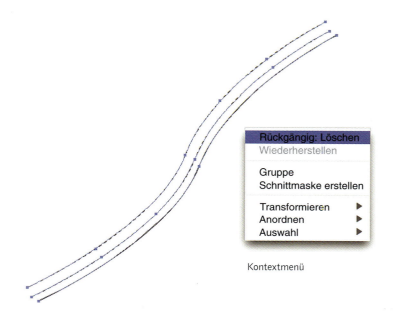

Kontextmenü

Die **Steuerungspalette** ist eine neue Funktion des Illustrator CS2 (12), deren Inhalt und Optionen vom ausgewählten Objekt abhängen. Wenn Sie z. B. ein Textobjekt ausgewählt haben, werden in der Steuerungspalette zusätzlich zu den Basisoptionen wie Ändern der Farbe und Konturen auch Optionen zur Textformatierung angezeigt. Die Steuerungspalette ist eine Art Überbrückung mit Informationen, die in anderen Bereichen wie den schwebenden Paletten und Menüleiste aufgerufen und geändert werden können.

So arbeitet Illustrator

Illustrator ist eine vektorbasierte Anwendung, die mit der Bézierkurve arbeitet, einer in der Computergrafik unentbehrlich parametrischen Kurve. Vektorgrafiken bestehen aus Linien und Kurven, die von mathematischen Objekten namens Vektoren definiert werden. Vektoren setzen Grafik aus geometrischen Elementen zusammen. Eine Bitmap-basierte Anwendung wie Adobe Photoshop dagegen verwendet zur Darstellung eines Objekts oder Bilds Zeilen und Spalten aus farbigen Pixeln (Bildpunkten). Sehen wir uns das an einem roten Quadrat an: In Photoshop wäre das Quadrat eine definierte Menge an Zeilen und Spalten, die aus einzelnen Pixeln bestehen. Illustrator dagegen arbeitet mit einer Formel, die drei Variablen enthält: Breite (x), Höhe (y) und Farbfüllung (rot). Illustrator eignet sich deshalb so gut für Modedesign, weil Vektorgrafiken unabhängig von der Auflösung sind. Das bedeutet, dass Sie jedes Objekt ohne Qualitätsverlust kleiner oder größer machen können, während ein in Photoshop erstelltes Objekt gepixelt aussieht, wenn es zu sehr vergrößert wird. Mit dem Illustrator erstellte Skizzen von Kleidungsstücken können beliebig vergrößert oder verkleinert werden.

Ab Version 9 kann Illustrator auch mit Bitmap-Formaten wie JPG und Photoshop-Dateien umgehen, allerdings lassen sich die Funktionen nicht mit denen von Photoshop vergleichen. Für einige Aspekte des Modedesigns ist diese neue Funktion trotzdem sehr nützlich.

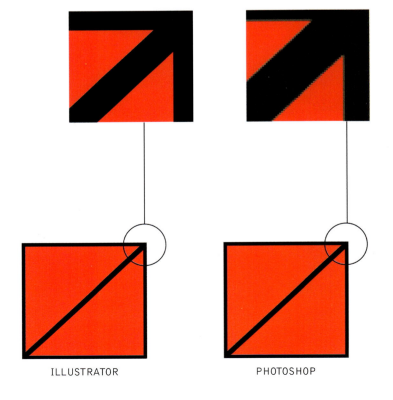

ILLUSTRATOR · PHOTOSHOP

Kapitel 3
Grundlagen-Übungen

In diesem Kapitel erfahren Sie, wie Sie die ersten Schritte mit dem Illustrator machen, und lernen die Grundlagen, die man für die Arbeit in dieser neuen Umgebung braucht. Sowohl Einsteiger als auch Fortgeschrittene müssen die Grundlagen beherrschen. Ohne sie geht es nicht. Selbst als erfahrener Benutzer werden Sie sie ständig brauchen. Die Grundlagen beziehen sich nicht auf Modedesign, sind aber unerlässlich. Sie lassen sich in drei Hauptbereiche aufteilen:

1. Umgang mit der Oberfläche
2. Objektbearbeitung
3. Ansicht und Navigation

Jedem dieser Themen ist eine eigene Übung gewidmet, doch zuerst sehen wir uns an, wie Sie die ersten Schritte mit Illustrator machen.

Übung 1

Erste Schritte

Wenn Sie in ein neues Auto steigen, werden Sie in der Regel die Sitzposition überprüfen und den Rückspiegel einstellen, bevor Sie losfahren. Bei einer neuen Computeranwendung sollten Sie genauso vorgehen. Was heißen soll, dass Sie den Illustrator so einstellen sollten, dass er Ihren Anforderungen als Modedesigner entspricht.

Eingabegeräte

Die Tastatur

Wie bei vielen anderen Anwendungen gibt es auch für den Illustrator eine Unmenge von Tastaturbefehlen, mit denen Sie Menübefehle aufrufen können. Fortgeschrittene Benutzer verwenden in der Regel häufig Tastaturbefehle, da man damit schneller arbeiten kann. In meinen Kursen empfehle ich den Benutzern, nach und nach zumindest die gängigsten Tastaturbefehle zu lernen.

Fürs Erste brauchen Sie lediglich zu wissen, dass die Tastaturbefehle in den Übungen dieses Buchs in Klammern geschrieben werden und in etwa so aussehen: Öffnen Sie die Datei mit Befehl+O, Mac OS, oder Strg+O, Windows. Damit ein Tastaturbefehl funktioniert, müssen Sie beide Tasten gleichzeitig drücken, bis Sie das offene Dialogfeld oder eine andere Systemaufforderung sehen.

Die Maus

Die Maus ist Ihr wichtigstes Eingabegerät und wird ständig benutzt. Sie müssen für die Übungen die verschiedenen Mausaktionen beherrschen. In den Übungen werden vier wichtige Mausaktionen verwendet:

Einzelklick (linke oder rechte Taste): die wichtigste Aktion. Dazu positionieren Sie den Zeiger auf dem gewünschten Bereich, etwa ein Objekt, ein Werkzeug oder ein Befehlsmenü, und klicken einmal auf die entsprechende Maustaste. In den Übungen wird ein Klick mit der linken Maustaste immer als „Klicken" oder „Anklicken" bezeichnet, während ein Einzelklick mit der rechten Maustaste „Klicken mit rechter Maustaste" genannt wird, da die meisten Einzelklicks mit der linken Taste ausgeführt werden.

Doppelklick: Wie oben, Sie klicken jedoch zweimal schnell hintereinander und nur mit der linken Maustaste.

Klicken und ziehen: Bei dieser Aktion klicken Sie auf die rechte Maustaste und halten sie gedrückt, während Sie die Maus in eine beliebige Richtung ziehen. Mit dieser Aktion werden Objekte verschoben, Bereiche von Objekten ausgewählt und Bézierkurven erstellt.

Wegklicken: Mit dieser Aktion machen Sie die Auswahl eines oder mehrerer Objekte auf Ihrer Seite rückgängig. Um wegzuklicken, klicken Sie einmal auf einen leeren Bereich der Zeichenfläche.

Wenn Sie **Illustrator zum ersten Mal** starten, sehen Sie: ein interaktives Fenster, in dem Sie angeben sollen, welche Art von Dokument Sie öffnen möchten (Illustrator 11 und 12), oder die Werkzeugpalette und eine Anzahl von schwebenden Paletten auf der rechten Seite (Illustrator 10 und darunter). In Illustrator 11 und 12 wählen Sie ein A4-Dokument im Hochformat und klicken auf **OK** oder drücken die Eingabetaste. Benutzer anderer Versionen drücken Befehl+N (oder Strg+N für Windows) oder wählen **Menü>Datei>Neu**, wählen das Format aus (A4 hoch) und klicken dann auf OK bzw. drücken die Eingabetaste.

Im Dialogfeld **Neues Dokument** können Sie als **Farbmodus** entweder RGB oder CMYK auswählen. In der Regel wird RGB (Rot, Grün, Blau) für bildschirmorientierte Grafik und CMYK (Cyan, Magenta, Gelb, Schwarz) für Druckvorlagen verwendet. Aktivieren Sie CMYK.

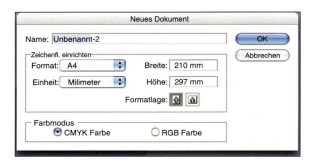

Zeichenfenster

Das Zeichenfenster enthält die Zeichenfläche, auf der Sie Ihr Bildmaterial erstellen. Im Zentrum befindet sich die A4-Seite, die Sie gerade erstellt haben, sowie der Druckbereich (gepunktete Linie), dessen Größe vom Drucker abhängt. Alles, was sich nicht innerhalb des Druckbereichs befindet, wird auch nicht gedruckt. In der linken unteren Ecke sehen Sie die Statusleiste, die in der Regel das aktive Werkzeug anzeigt (standardmäßig den schwarzen Pfeil, d. h. das Auswahl-Werkzeug).

Daneben wird ein Fenster mit dem Zoomfaktor angezeigt. Standardmäßig ist die Option **An Bildschirmgröße anpassen** ausgewählt, d. h., die A4-Seite passt genau in das Zeichenfenster. Der angegebene Prozentwert kann sich je nach Bildschirmgröße ändern. Ich selbst verwende dieses Fenster nur selten und zoome lieber mit Tastaturbefehlen.

Schwebende Paletten

Abhängig von Bildschirmgröße und Auflösung kann es sein, dass sich zu viele schwebende Paletten auf der Arbeitsfläche befinden. Das kann unübersichtlich sein und Ihre Arbeit behindern, da Sie zu lange brauchen, um eine Palette zu finden. Sie sollten daher nur die Palette(n) öffnen, die Sie für eine Übung brauchen. Paletten sind als Register angelegt, und häufig finden Sie unterschiedliche Paletten in einem Fenster. Manche dieser Paletten brauchen Sie, manche nicht. Wenn Sie eine Palette nicht brauchen, klicken Sie einfach auf die überflüssige Palette und ziehen Sie aus der Gruppe heraus. Klicken Sie dann auf den roten Punkt (oder das Kreuz in Windows), um sie zu löschen.

Da einige Leser vielleicht andere Versionen des Illustrator verwenden, in denen sich beim Aufrufen der Anwendung andere Paletten öffnen, löschen wir zunächst einmal alle Paletten (bis auf den Werkzeugkasten). Dazu klicken Sie auf den roten Punkt (oder das Kreuz für PC-Anwender) in den einzelnen Palettenfenstern. Wählen Sie dann **Menü>Fenster** und aktivieren Sie folgende Paletten: **Ausrichten**, **Ebenen**, **Farbe**, **Farbfelder** und **Kontur**. Wenn Sie eine der aufgeführten schwebenden Paletten auswählen, wird sie unter Umständen in einer

Gruppe mit anderen überflüssigen Paletten angezeigt. Sie können die überflüssigen Paletten aus der Gruppe ziehen und löschen oder sie an Ort und Stelle lassen. Ihr Arbeitsbereich sollte jetzt so aussehen:

So trennen Sie ein verborgenes Werkzeug ab:

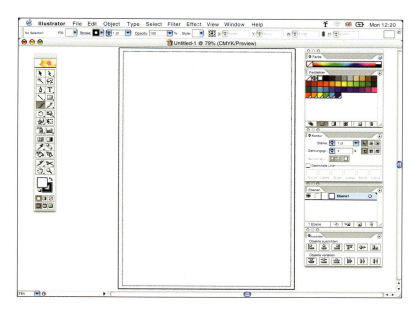

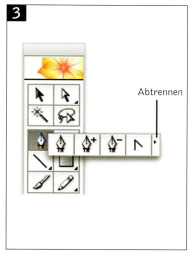

Werkzeugpalette

Eine der wichtigsten schwebenden Paletten ist die **Werkzeugpalette** (auch Werkzeugkasten) auf der linken Seite des Bildschirms. Die Werkzeuge sind in zwei Spalten mit je 13 Zeilen angeordnet, also 26 Werkzeuge. Es gibt allerdings noch erheblich mehr! Einige Werkzeuge in Illustrator enthalten verborgene Werkzeuge, was durch ein kleines Dreieck in der unteren rechten Ecke des Werkzeugsymbols

angegeben wird. Einige dieser verborgenen Werkzeuge werden recht häufig für die Übungen gebraucht. Um sie schneller aufzurufen, können Sie die verborgenen Werkzeuge „abtrennen"; sie werden dann in einer eigenen schwebenden Palette angezeigt.

1 Gehen Sie mit dem Mauszeiger auf das Zeichenstift-Werkzeug.

2 Klicken Sie auf die linke Maustaste und halten Sie sie so lange gedrückt, bis Sie die verborgene Palette des Zeichenstift-Werkzeugs sehen.

3 Bewegen Sie den Zeiger bei gedrückter Maustaste über die verborgene Palette nach rechts über den Pfeil am Ende der Palette.

4 Lassen Sie die Maustaste los, wenn sich der Zeiger über dem Pfeil befindet. Die verborgene Palette wird von der Haupt-Werkzeugpalette abgetrennt. Sie können die schwebende Palette auf dem Arbeitsbereich verschieben, indem Sie an der oberen Leiste der Palette ziehen.

Voreinstellungen

In den Voreinstellungen des Illustrator werden zahlreiche Programmeinstellungen zu verschiedenen Aspekten der Anwendung verwaltet. Für den Anfang brauchen Sie nur einige davon zu verändern:

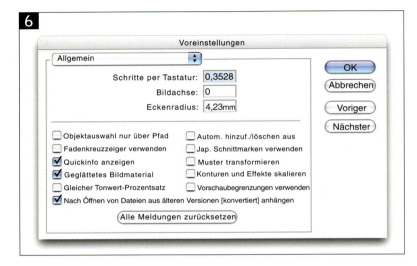

5 Wählen Sie **Menü>Illustrator>Voreinstellungen>Allgemein** (Befehl+K oder Strg+K für Windows).

6 Im Dialogfeld **Voreinstellungen** sollten **Muster transformieren** und **Konturen und Effekte** skalieren aktiviert sein.

7 Klicken Sie auf das Pop-up-Menü (die Pfeilspitze neben **Allgemein**) und wählen Sie **Einheiten und Anzeigeleistung**. Wählen Sie im Feld **Allgemein** unter **Einheiten** den Wert **Millimeter** aus.

8 Klicken Sie zur Bestätigung auf **OK**.

Einheiten und Anzeigeleistung bedeutet, dass der Konturwert angepasst wird, wenn Sie ein Objekt vergrößern oder verkleinern. **Muster transformieren** bedeutet, dass beim Drehen eines Objekts mit Musterfeldern das Muster dem Drehwinkel folgt (siehe Kapitel 11).

Übung 2

Ansicht und Navigation

Bevor Sie etwas mit dem Illustrator designen, sollten Sie lernen, wie Sie ein Objekt auf der A4-Seite anzeigen, und sich innerhalb der Zeichenfläche bewegen. Da Sie etwas zum Ansehen brauchen, fangen wir an, indem Sie ein paar einfache Formen zeichnen und dann mit den verschiedenen Ansichts- und Navigationsoptionen experimentieren.

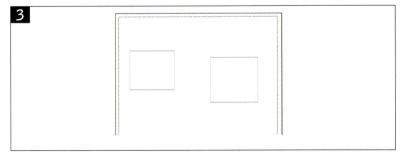

1 Klicken Sie in der Werkzeugpalette auf das **Rechteck-Werkzeug**. Bewegen Sie die Maus auf die linke Hälfte Ihrer A4-Seite.

2 Klicken und ziehen Sie die Maus nach rechts unten. Jetzt müsste ein Rechteck erscheinen. Wenn Sie mit Form und Größe zufrieden sind, lassen Sie die Maustaste los.

3 Wiederholen Sie Schritt 2, dieses Mal aber auf der rechten Hälfte der A4-Seite, etwa auf Seitenmitte. Ihre Zeichnung sollte in etwa so aussehen wie abgebildet.

Jetzt befinden sich zwei Rechtecke an zwei verschiedenen Stellen auf der Seite, und Sie können mit den Ansichtsoptionen experimentieren.

Ansichtsoptionen

Illustrator hat zwei Ansichtsoptionen: **Vorschau** und **Pfadansicht**. Standardmäßig sehen Sie Ihr Bildmaterial immer in der **Vorschau**, die alle erstellten Objekte in Farbe zeigt, so, wie sie aussehen, wenn Sie sie ausdrucken. Die **Pfadansicht** ähnelt einem Drahtmodell, bei dem alle Objektsegmente als dünne schwarze Linien ohne Farbe oder Konturstärke dargestellt werden. Die Pfadansicht empfiehlt sich, wenn Sie mit komplexen Formen arbeiten, bei denen die Segmente eng aufeinandersitzen. In der Pfadansicht können Sie Segmente oder Ankerpunkte genauer auswählen. Und so ändern Sie die Ansichtsoption:

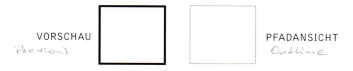

VORSCHAU   PFADANSICHT
Preview   Outline

4 Wählen Sie **Menü>Ansicht>Pfadansicht** oder drücken Sie Befehl+Y (Strg+Y für Windows).

5 Um wieder zur Option **Vorschau** zurückzukehren, wählen Sie **Menü>Ansicht>Vorschau** oder drücken Befehl+Y.

Zoomen

In Illustrator können Sie die Bildansicht vergrößern oder verkleinern, von 3 % bis 6400 %. Dazu gehen Sie folgendermaßen vor:

6 Klicken Sie in der Werkzeugpalette auf das Zoom-Werkzeug. Bewegen Sie die Maus auf ein Rechteck und klicken Sie darauf. Wiederholen Sie das, bis das Quadrat den Bildschirm ausfüllt.

7 Um die Bildansicht wieder zu verkleinern, halten Sie die Alt-Taste gedrückt und klicken mit der Maus.

■ Tipp

Sie sollten das Zoom-Werkzeug immer in der Mitte des Objekts positionieren, das Sie vergrößern oder verkleinern möchten, und zwar bei jedem Schritt, so, als würden Sie auf ein bewegliches Ziel schießen.

Beim Vergrößern eines Objekts werden Sie mehrmals klicken müssen, bis Sie die gewünschte Ansicht haben. Das geht auch schneller:

Wählen Sie das Zoom-Werkzeug und positionieren Sie den Zeiger in der Nähe der linken oberen Ecke, knapp außerhalb des Rechtecks.
Klicken und ziehen Sie nach rechts unten; Sie sehen den Rahmen einer Bereichsauswahl, der vom Startpunkt ausgeht.
Machen Sie den Auswahlrahmen so groß wie gewünscht. Alles, was sich innerhalb des Rahmens befindet, wird vergrößert.
Lassen Sie die Maustaste los, um den Zoombereich zu bestätigen.

Zum Vergrößern von Objekten können Sie einen Auswahlrahmen benutzen (siehe Tipp). Zum Verkleinern ist diese Technik nicht geeignet.

Menü Ansicht

Das Menü **Ansicht** enthält mehrere nützliche Ansichtsoptionen, die häufig praktischer als das Zoom-Werkzeug sind. Und so verwenden Sie die verschiedenen Ansichtsoptionen:

8 Wählen Sie **Menü>Ansicht>Ganze Zeichenfläche** (Befehl+0 [Null] oder Strg+0 für Windows). Die A4-Seite passt dann genau auf die Zeichenfläche.

9 Wenn Sie Ihr Bildmaterial in Originalgröße sehen möchten, wählen Sie **Menü>Ansicht>Auf 100% zoomen** (Befehl+1 oder Strg+1 für Windows). actual size

■ Tipp

Sie können auch den Tastaturbefehl Befehl+ zum Vergrößern oder Befehl- zum Verkleinern verwenden. Das geht schneller, und Sie müssen das aktuelle Werkzeug nicht gegen das Zoom-Werkzeug tauschen.

Navigation

Mit der Navigation gelangen Sie von einem Objekt zu einem anderen. Das ist vor allem dann nützlich, wenn Sie in Nahansichten arbeiten, bei denen die Entfernung von einem Objekt zum anderen größer wird. Zur Navigation gibt es verschiedene Möglichkeiten:

Die Bildlaufleiste

Sie ist das am wenigsten präzise Navigationswerkzeug, mit dem Sie sich auf der Zeichenfläche verirren können, vor allem, wenn Sie ein Objekt herangezoomt haben. Die Bildlaufleiste funktioniert so:

10 Gehen Sie mit der Maus auf den Schieberegler der senkrechten oder waagrechten Bildlaufleiste und klicken und ziehen Sie nach unten oder oben. Ihre Seite verschiebt sich entsprechend.

11 Sie können auch die Bildlaufpfeile der waagrechten und senkrechten Bildlaufleisten verwenden. Dazu klicken Sie einfach mehrmals auf einen der Pfeile.

Die Navigatorpalette

Die Navigatorpalette ist eine Miniaturansicht Ihres Zeichenfensters. Sie können die Zeichenfläche mit der Navigatorpalette vergrößern und verkleinern und darin navigieren. So benutzen Sie die Palette:

12 Wählen Sie **Menü>Fenster>Navigator**. Bewegen Sie den Mauszeiger über die Navigatorpalette.

13 Klicken und ziehen Sie den Schieberegler zum Verkleinern nach links und zum Vergrößern nach rechts.

14 Durch die Zeichenfläche bewegen Sie sich durch Klicken und Ziehen innerhalb des Navigatorfensters. Wenn Sie mit dem Zeiger auf dieses Fenster gehen, wird aus dem Zeiger ein Handsymbol.

Das Hand-Werkzeug

Das Hand-Werkzeug finden Sie im Werkzeugkasten. Es ist nützlich, wenn Sie Ihre Seite etwas verschieben müssen, um ein Objekt besser sehen zu können.

Das Hand-Werkzeug mit entsprechenden Tastaturbefehlen ist die schnellste Navigationsmöglichkeit. So benutzen Sie es:

- Wählen Sie das Hand-Werkzeug im Werkzeugkasten aus.
- Bewegen Sie es auf Ihrer Seite.
- Klicken und ziehen Sie, um Ihre Seite zu verschieben.
- Lassen Sie die Maus los, wenn Sie mit der Position zufrieden sind.

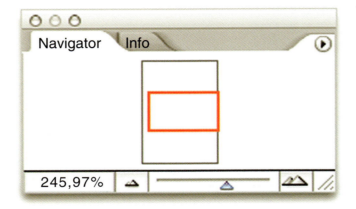

> ■ **Tipp**
>
> Die schnellste Möglichkeit zum Navigieren und Zoomen sind die Tastaturbefehle. Da diese alle im gleichen Bereich der Tastatur liegen, geht das sehr schnell:
>
> Um die Seite mit dem Hand-Werkzeug zu verschieben, halten Sie die Leertaste gedrückt, während Sie mit der Maus klicken und ziehen.
> Zum Vergrößern drücken Sie die Leertaste+Befehl (Steuerungstaste für PC), während Sie entweder klicken oder klicken und ziehen.
> Zum Verkleinern drücken Sie die Leertaste+Befehl+Alt (Strg+Alt für PC), während Sie mit der Maus klicken.

Übung 3

Erstellen und Bearbeiten von einfachen Objekten

Illustrator enthält vorgefertigte Formen, die für den Anfang vollkommen ausreichend sind, da der Schwerpunkt jetzt auf der Bearbeitung von Objekten liegt – und nicht auf der Erstellung eigener Objekte, wie sie z. B. für Zeichnungen von Kleidungsstücken benötigt werden. Das Rechteck-Werkzeug ist die gängigste dieser vorgefertigten Formen. Es enthält weitere verborgene Formen-Werkzeuge wie das Abgerundete Rechteck, die Ellipse, den Stern und das Polygon.

In dieser Übung werden wir mit einigen dieser vorgefertigten Formen arbeiten.

Erstellen Sie jetzt mithilfe der verschiedenen Formen-Werkzeuge möglichst viele Objekte auf der Seite.

So erstellen Sie eine dieser Formen:

1. Erstellen Sie ein neues Dokument im A4-Hochformat: Menü>Datei>Neu ... oder Befehl+N (Strg+N für PC).

2. Trennen Sie das verborgene Formen-Werkzeug ab und positionieren Sie es an geeigneter Stelle (siehe Grundlagen Übung 1).

3. Wählen Sie das Ellipse-Werkzeug aus, indem Sie es anklicken.

4. Bringen Sie den Zeiger auf Ihre Seite. Klicken und ziehen Sie die Maus. Jetzt sollte eine Ellipse angezeigt werden.

5. Lassen Sie die Maustaste los.

■ Tipp

Ignorieren Sie das Blendenflecke-Werkzeug, es ist kein Formen-Werkzeug, sondern simuliert einen Blendenfleck auf einem Foto.

Objekte lassen sich auch über das Dialogfeld des jeweiligen Formen-Werkzeugs erstellen. Damit legen Sie die genauen Abmessungen des Objekts fest, bevor es auf der Seite angezeigt wird.

So erstellen Sie Objekte mit dem Dialogfeld:

6 Klicken Sie auf Abgerundetes-Rechteck-Werkzeug.

7 Positionieren Sie den Mauszeiger auf der Stelle, an der Sie die neue Form haben möchten, und klicken Sie auf die Maus.

8 Geben Sie im Dialogfeld die Werte für **Breite**, **Höhe** und **Eckenradius** ein.

9 Klicken Sie auf **OK**, um die Werte zu bestätigen.

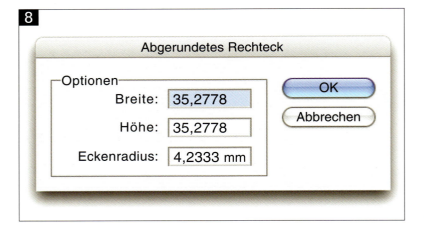

Objektauswahl

Wenn Sie mehr als ein Objekt erstellen, bleibt immer nur das zuletzt erstellte Objekt in der Auswahl. Wenn Sie ein anderes Objekt bearbeiten möchten, müssen Sie es zuerst auswählen. Zur Auswahl und zum Aufheben der Auswahl gibt es mehrere Möglichkeiten.

So wählen Sie ein einzelnes Objekt aus:

10 Das Auswahl-Werkzeug (schwarzer Pfeil) wählen.

11 Auf die Konturlinie des Objekts klicken.

12 Ihr Objekt ist ausgewählt, wenn ein Begrenzungsrahmen angezeigt wird.

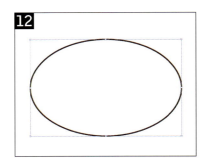

So wählen Sie mehrere Objekte aus:

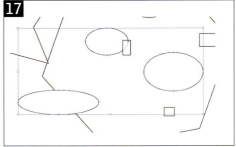

13 Klicken Sie mit dem schwarzen Pfeil auf das erste Objekt, das Sie auswählen möchten.

14 Halten Sie die Umschalttaste gedrückt und klicken Sie gleichzeitig auf das nächste Objekt.

15 Klicken Sie nun das dritte Objekt an.

16 Halten Sie die Umschalttaste so lange gedrückt, bis Sie alle gewünschten Objekte ausgewählt haben.

17 Lassen Sie die Umschalttaste los.

So führen Sie die Bereichsauswahl einer Objektgruppe durch:

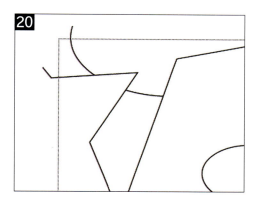

18 Positionieren Sie den schwarzen Pfeil links oben knapp außerhalb des Begrenzungsrahmens, der an die Objektgruppe angrenzt.

19 Klicken und ziehen Sie nach rechts unten; Sie sehen den Rahmen einer Bereichsauswahl.

20 Wenn der Auswahlrahmen die Objektgruppe abdeckt, die Sie auswählen möchten, lassen Sie die Maustaste los.

Die Bereichsauswahl ist schnell, aber nicht sehr genau. Ein präziseres Werkzeug dafür ist das Lasso-Werkzeug.

Dieses Werkzeug stammt aus Photoshop und wurde erst ab Version 10 in Illustrator aufgenommen. Inzwischen ist es jedoch zu einem unerlässlichen Werkzeug zur Objektauswahl geworden. Es ist sehr nützlich, wenn Ihre Auswahl nicht in ein Rechteck passt.

So wählen Sie Objekte mit dem Lasso-Werkzeug aus:

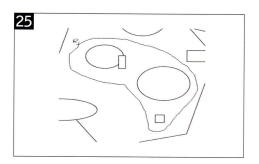

21 Das Lasso-Werkzeug aus der Werkzeugpalette wählen (Benutzer von Illustrator 10: Auswahl über das verborgene Werkzeug).

22 Das Lasso in die Nähe der auszuwählenden Objekte bewegen.

23 Die Maus klicken und um die auszuwählenden Objekte ziehen.

24 Zum Ausgangspunkt mit einer Schleife zurückkehren.

25 Lassen Sie die Maustaste los.

Sie können problemlos alle Objekte auf der Zeichenfläche auswählen.

So wählen Sie alle Objekte aus:

Wählen Sie **Menü>Auswahl>Alles auswählen** oder drücken Sie Befehl+A (Strg+A für Windows).

 Tipp

In Illustrator 10 stehen zwei Lasso-Werkzeuge zur Verfügung, ein schwarzes (zur Auswahl ganzer Objekte) und ein weißes (zur Auswahl eines Teils), während Illustrator CS nur ein weißes Lasso hat. Wenn Sie mit Version 10 arbeiten, verwenden Sie das schwarze Lasso; wenn Sie mit CS und CS2 arbeiten, müssen Sie das ganze Objekt vollständig einkreisen, ohne es zu berühren.

Auswahl und Auswahl aufheben

Unter Umständen müssen Sie die Auswahl eines oder mehrerer Objekte wieder rückgängig machen.

26 Klicken Sie mit dem schwarzen Pfeil auf ein bereits ausgewähltes Objekt, während Sie die Umschalttaste gedrückt halten.

27 Klicken Sie mit dem schwarzen Pfeil einfach auf irgendeine freie Stelle (so heben Sie die Auswahl mehrerer Objekte auf).

28 Wählen Sie **Menü>Auswahl>Auswahl aufheben** oder Befehl+Umschalttaste+A (Strg+Umschalttaste+A für PC).

So löschen Sie einzelne Objekte, die Sie nicht mehr brauchen:

29 Wählen Sie das Direktauswahl-Werkzeug aus (schwarzer Pfeil).

30 Klicken Sie auf eine Stelle auf dem Rand (schwarze Linie) des Objekts, das Sie löschen möchten.

31 Wenn der Begrenzungsrahmen erscheint, drücken Sie die Rücktaste (rechts oben auf der Tastatur) oder die Entfernentaste.

32 Sie können auch **Menü>Bearbeiten>Löschen** wählen.

So löschen Sie alle Objekte auf der Zeichenfläche:

33 Bewegen Sie den schwarzen Pfeil in die linke obere Ecke der Zeichenfläche und vergewissern Sie sich, dass Sie alle erstellten Objekte sehen können (evtl. die Ansicht verkleinern).

34 Klicken und ziehen Sie die Maus in die rechte untere Ecke der Zeichenfläche. Wenn der Auswahlrahmen alle Objekte enthält, lassen Sie die Maustaste los.

35 Drücken Sie die Leer- oder die Entfernentaste auf der Tastatur.

36 Wählen Sie **Menü>Auswahl>Alles** oder Befehl+A (Strg+A für PC). Drücken Sie die Leer- oder die Entfernentaste.

Falls Sie aus Versehen alle Objekte gelöscht oder Fehler beim Erstellen der Objekte gemacht haben, kann Illustrator bei Bedarf vor- und zurückgehen. Dies wird Rückgängig und Wiederherstellen genannt.

So machen Sie eine Aktion rückgängig:

37 Drücken Sie Befehl+Z (Strg+Z für Windows) oder wählen Sie **Menü>Bearbeiten>Rückgängig** für einen Schritt zurück.

38 Jetzt sollten wieder alle Objekte angezeigt werden.

39 Drücken Sie erneut Befehl+Z und wiederholen Sie das so lange, bis keine Objekte mehr auf der Zeichenfläche sind.

So stellen Sie eine Aktion wieder her:

40 Drücken Sie Befehl+Umschalttaste+Z (Strg+Umschalttaste+Z für Windows) oder wählen Sie **Menü>Bearbeiten> Wiederherstellen**.

41 Wiederholen Sie das, bis die Zeichenfläche wieder alle Objekte enthält.

Wenn alle Objekte wieder auf der Zeichenfläche sind, sollten Sie Ihre Datei speichern.

> **Tipp**
> Die Befehle Rückgängig und Wiederherstellen funktionieren nur, solange die Datei nicht gesichert und geschlossen wurde!

Bildmaterial speichern

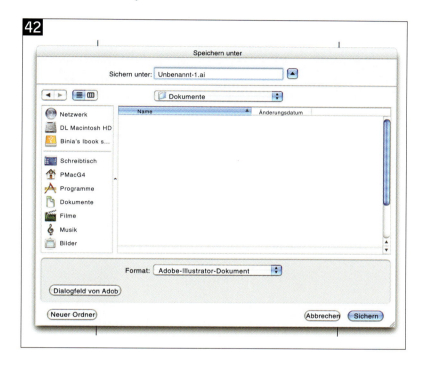

42 Wählen Sie **Menü>Datei>Speichern** oder Befehl+S (Strg+S für PC).

43 Geben Sie im Dialogfeld einen Namen für Ihre Datei ein und wählen Sie den Ordner aus, in dem die Datei gespeichert werden soll, bzw. erstellen Sie einen neuen Ordner, indem Sie auf die Schaltfläche **Neuer Ordner** in der unteren linken Ecke des Dialogfelds klicken. Standardmäßig wird im Format Adobe Illustrator (*.AI) gespeichert, was in Ordnung ist (Illustrator 12 PDF/AI-Format).

44 Klicken Sie auf **OK**.

Sie können auch verschiedene Versionen einer Datei speichern:

45 Wählen Sie **Menü>Datei>Speichern unter...** oder Befehl+Umschalttaste+S (Strg+Umschalttaste+S für PC).

46 Geben Sie der Datei im Dialogfeld einen neuen Namen oder den gleichen Namen mit einer Versionsnummer. Wählen Sie den Ordner aus, in dem Sie Ihre Datei speichern möchten, oder erstellen Sie einen neuen Ordner, indem Sie auf die Schaltfläche **Neuer Ordner** klicken.

47 Klicken Sie auf **OK**.

Ihre Datei ist jetzt gespeichert, und Sie können das Dokumentenfenster mit Befehl+W (Strg+W für Windows) oder über **Menü>Datei> Schließen** schließen. Sie können auch auf die rote Schaltfläche in der oberen linken Ecke (rote Schaltfläche mit Kreuz oben rechts für Windows) klicken.

Objektbearbeitung

Nachdem Sie verschiedene Objekte erstellt, ausgewählt und gelöscht haben, besteht der nächste Schritt darin, diese Objekte zu bearbeiten. Wie Sie bereits gesehen haben, zeigt Illustrator einen Begrenzungsrahmen an, wenn ein Objekt ausgewählt ist. Im Begrenzungsrahmen sind verschiedene Bearbeitungsfunktionen verborgen: Drehen, horizontal Skalieren und vertikal Skalieren.

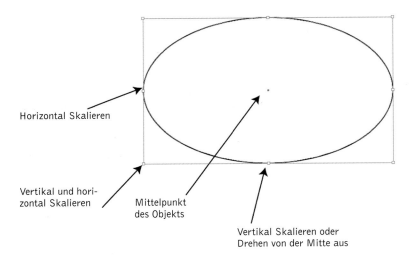

Horizontal Skalieren

Vertikal und horizontal Skalieren

Mittelpunkt des Objekts

Vertikal Skalieren oder Drehen von der Mitte aus

In dieser Übung zeichnen wir eine einfache Ellipse. Beachten Sie, dass alle ausgewählten Objekte nach dem gleichen Prinzip funktionieren. Was Sie jetzt anhand der Ellipse lernen, gilt auch für Skizzen von Kleidungsstücken. Wir fangen an, indem wir ein neues Dokument erstellen und eine Ellipse auf die Seite zeichnen:

48 Wählen Sie **Menü>Datei>Neu** oder **Befehl+N** (oder **Strg+N** für PC).

49 Wählen Sie im Werkzeugkasten das Ellipsen-Werkzeug.

50 Klicken und ziehen Sie die Maus auf der Seite, um eine Ellipse zu erstellen.

So verändern Sie die Größe des Objekts:

51 Wählen Sie den schwarzen Pfeil.

52 Bewegen Sie den Pfeil zur Ellipse, die ausgewählt sein sollte (falls nicht, klicken Sie irgendwo auf der schwarzen Linie).

53 Bewegen Sie den Pfeil auf den Griff in der oberen linken Ecke des Begrenzungsrahmens. Aus dem Pfeil wird folgendes Symbol:

54 Wenn das Symbol angezeigt wird, klicken und ziehen Sie die Maus in Richtung Mittelpunkt der Ellipse oder davon weg.

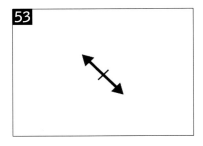
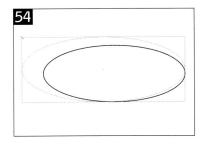

So verändern Sie die Objektgröße vertikal oder horizontal:

55 Gehen Sie mit dem schwarzen Pfeil auf den Begrenzungsrahmen, entweder auf den Griff oben oder unten in der Mitte oder auf den Griff links oder rechts in der Mitte.

56 Aus dem Pfeil wird jetzt entweder das Symbol links für vertikales Skalieren (Griff oben oder unten in der Mitte des Begrenzungsrahmens) oder das Symbol rechts für horizontales Skalieren (Griff links oder rechts in der Mitte des Begrenzungsrahmens).

57 Klicken und ziehen Sie die Maus nach links bzw. rechts für horizontales Skalieren oder nach oben oder unten für vertikales Skalieren (siehe beide Abbildungen).

Skalieren- und Drehen-Werkzeuge verwenden

Wenn Sie präzisere Ergebnisse haben möchten, verwenden Sie die Skalieren- und Drehen-Werkzeuge. Für beide Werkzeuge gibt es Dialogfelder, in die Sie Dreh- oder Skalierwerte eingeben und mit einem beweglichen Ziel für die Drehung oder Skalierung arbeiten können.

So verwenden Sie die Skalieren- und Drehen-Werkzeuge:

61 Wählen Sie mit dem schwarzen Pfeil das Objekt aus.

62 Wählen Sie das Drehen- oder Skalieren-Werkzeug.

63 Wenn Sie das Ziel für das Drehen oder Skalieren verschieben möchten, klicken und ziehen Sie es einfach an die neue Position.

64 Klicken und ziehen Sie in einer kreisförmigen Bewegung (Drehen-Werkzeug) oder in einem Winkel (Skalieren-Werkzeug).

65 Lassen Sie die Maustaste los.

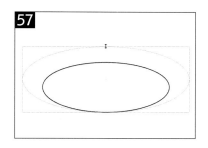
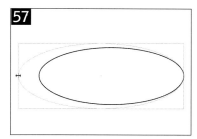

So drehen Sie Objekte:

58 Sie gehen genauso vor wie beim Verändern der Größe. Klicken Sie auf den schwarzen Pfeil und wählen Sie die Ellipse aus, falls diese noch nicht ausgewählt ist.

59 Bewegen Sie den Pfeil zur linken oberen Ecke, dieses Mal jedoch etwas außerhalb des Begrenzungsrahmens. Der Pfeil müsste sich jetzt in das Drehsymbol verwandeln.

60 Klicken und ziehen Sie die Maus nach rechts oben oder links unten (in kreisförmiger Bewegung), um die Ellipse zu drehen.

61 Lassen Sie die Maustaste los, um den Drehwinkel zu bestätigen.

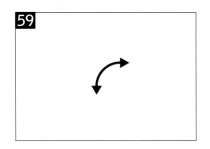
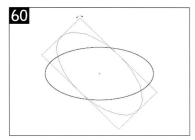

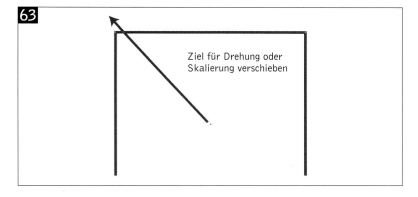

Ziel für Drehung oder Skalierung verschieben

So wird es noch präziser:

66 Wählen Sie mit dem schwarzen Pfeil das Objekt aus.

67 Doppelklicken Sie auf das Drehen- oder Skalieren-Werkzeug.

68 Geben Sie im Dialogfeld einen Wert für das Skalieren bzw. die Drehung ein.

69 Klicken Sie auf **OK**, um den eingegebenen Wert zu bestätigen.

Sie können jetzt vorgefertigte Formen erstellen, löschen, skalieren und drehen. Der nächste Schritt besteht darin, die Formen zu verschieben und zu duplizieren und diese Aktionen einzuschränken.

Objekte verschieben

So verschieben Sie Objekte:

70 Mit dem schwarzen Pfeil die Ellipse auswählen.

71 Den Rand der Ellipse an einer beliebigen Stelle anklicken, gedrückt halten.

72 Die Ellipse an die gewünschte Stelle schieben.

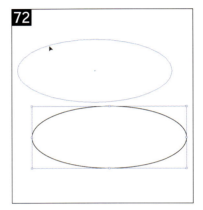

73 Die Maustaste loslassen.

Sie können ein Objekt auch mit den Pfeiltasten der Tastatur verschieben (meist zwischen dem Haupttastenfeld und dem Nummernblock).

So verschieben Sie ein Objekt mit den Pfeiltasten:

74 Wählen Sie das Objekt mit dem schwarzen Pfeil aus.

75 Drücken Sie mehrmals die entsprechende Pfeiltaste, um das Objekt in die gewünschte Richtung zu verschieben.

■ Tipp

Sie können die Pfeiltaste gedrückt halten, bis das Objekt an der gewünschten Stelle ist. Den Wert für die Schrittlänge der Pfeiltasten können Sie über **Menü>Illustrator>Voreinstellungen>Allgemein** im Feld **Schritte per Tastatur** einstellen. Geben Sie hier einen kleinen Wert ein, wenn Sie sehr präzise arbeiten möchten, oder einen großen Wert, wenn Sie ein Objekt schnell über die Zeichenfläche verschieben möchten.

Duplizieren

So duplizieren Sie ein Objekt:

76 Wählen Sie ein Objekt mit dem schwarzen Pfeil aus.

77 Klicken und ziehen Sie es an eine neue Position.

78 Drücken Sie die Alt-Taste, bevor Sie die Maustaste loslassen.

79 Lassen Sie **zuerst die Maustaste** los, dann die Alt-Taste.

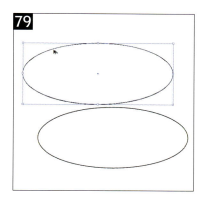

■ Tipp

Jede Duplizierungsaktion kann automatisch wiederholt werden (sowohl Entfernung als auch Winkel der Duplizierung). Nachdem Sie das Objekt dupliziert haben, drücken Sie so oft Befehl+D (oder Strg+D für PC), wie Sie das Objekt duplizieren möchten.

Einschränken

Einschränken begrenzt eine Aktion wie Skalieren, Verschieben oder Duplizieren auf bestimmte Parameter. Wenn Sie z. B. ein Objekt horizontal verschieben und die Bewegung einschränken, wird das Objekt in einer geraden Linie verschoben. Beim Skalieren, Drehen oder Verschieben drücken Sie zum Einschränken in der Regel die Umschalttaste. Da die Umschalttaste aber zur Auswahl mehrerer Objekte verwendet werden kann, müssen Sie darauf achten, dass Sie die Umschalttaste beim Einschränken erst drücken, nachdem Sie die Bewegung begonnen haben, die eingeschränkt werden soll (Skalieren, Verschieben, Drehen usw.). Sie können alle bisher gelernten Bearbeitungsmöglichkeiten einschränken:

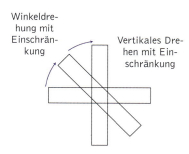

Skalieren: Drücken Sie die Umschalttaste, nachdem Sie mit dem Skalieren des Objekts begonnen haben. Es wird dann nur proportional skaliert (vor allem beim Skalieren von Kleidungsskizzen nützlich, denn die Proportionen bleiben gewahrt).

Drehen: Drücken Sie die Umschalttaste, nachdem Sie mit dem Drehen des Objekts begonnen haben. Es wird dann schrittweise in einem Winkel von 45, 90, 135 und 180 Grad gedreht (vor allem bei Diagonalschnitten oder Spiegelungen nützlich).

Verschieben: Drücken Sie die Umschalttaste, nachdem Sie mit dem Verschieben begonnen haben. Das Objekt wird entlang einer unsichtbaren Linie verschoben, die 45 oder 90 Grad beträgt (abhängig von der Richtung, in der Sie das Objekt bewegen).

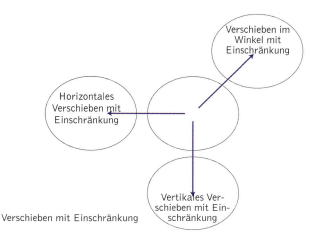

Duplizieren und Einschränken

Sie können jedes Objekt zugleich duplizieren und einschränken – außer Objekten, die gerade über den Begrenzungsrahmen skaliert und gedreht werden. Hier müssen Sie die Skalieren- und Drehen-Werkzeuge verwenden.

So duplizieren und schränken Sie Verschieben ein:

80. Wählen Sie das Objekt mit dem schwarzen Pfeil aus.

81. Verschieben Sie das Objekt in eine beliebige Richtung und drücken Sie dann die Umschalttaste und die Alt-Taste.

82. Lassen Sie zuerst die Maustaste los, dann die beiden Tasten.

So duplizieren und schränken Sie Skalieren ein:

83. Wählen Sie das Objekt mit dem schwarzen Pfeil aus.

84. Wählen Sie das Skalieren-Werkzeug aus.

85. Skalieren Sie das Objekt, drücken Sie dann die Umschalt- und die Alt-Taste.

86. Lassen Sie zuerst die Maustaste los, um das Skalieren zu bestätigen, dann die beiden Tasten.

So duplizieren und schränken Sie Drehen ein:

87. Wählen Sie das Objekt mit dem schwarzen Pfeil aus.

88. Wählen Sie das Drehen-Werkzeug aus.

89. Drehen Sie das Objekt, dann Umschalt- und Alt-Taste drücken.

90. Lassen Sie zuerst die Maustaste los, um das Drehen zu bestätigen, dann die beiden Tasten.

Sie beherrschen nun alle Funktionen, die Sie zur Erstellung und Bearbeitung einfacher Formen brauchen. Und jetzt wenden wir diese Kenntnisse an. Anders ausgedrückt: Wir nähern uns Modedesign!

91. Erstellen Sie mit dem Rechteck-Werkzeug ein kleines (3 cm) Rechteck links oben auf der A4-Seite (dabei die Umschalttaste drücken, damit es ein Quadrat wird).

92. Wählen Sie den schwarzen Pfeil und klicken Sie auf die untere Kante des Quadrats direkt neben das kleine Eck-Quadrat. Drücken Sie erst die Alt-Taste, um das Quadrat zu duplizieren, dann die Umschalttaste, um das Verschieben vertikal einzuschränken.

93. Lassen Sie die Maustaste und dann die beiden Tasten los, wenn Sie das Quadrat etwa 5 cm unter das erste Quadrat verschoben haben.

94. Sie sollten jetzt zwei Quadrate sehen, die genau untereinandersitzen.

95. Wiederholen Sie die letzte Aktion, indem Sie Befehl+D (Strg+D für PC) drücken. Dadurch kopieren Sie Entfernung und Winkel der letzten Aktion.

96. Sie sollten jetzt drei Quadrate sehen.

97. Drücken Sie Befehl+D noch zweimal. Sie haben jetzt fünf Quadrate im gleichen Abstand voneinander.

98. Wenn das letzte Quadrat außerhalb der A4-Seite landet, löschen Sie bis auf das erste alle Quadrate, fangen noch einmal bei Schritt 2 an und achten auf einen kleineren Abstand zwischen den Quadraten.

Das ist so ziemlich alles, was wir mit dem bisher Gelernten anfangen können. Speichern Sie die Datei (Befehl+S) unter dem Namen „Fünf Quadrate".

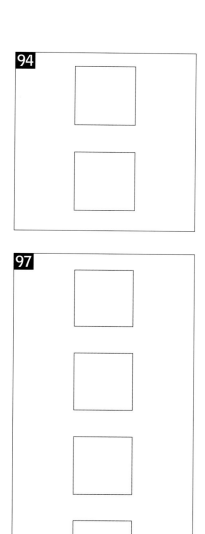

Übung 4

Auswahl-Werkzeuge – der weiße Pfeil

Mit dem weißen Pfeil (Direktauswahl-Werkzeug) können Sie im Gegensatz zum schwarzen Pfeil Ankerpunkte und Segmente eines Objekts direkt auswählen. Das ist z.B. nützlich, wenn Sie Teile eines Kleidungsstücks überarbeiten müssen.

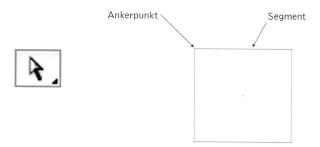

So bearbeiten Sie Objekte mit dem weißen Pfeil:

1 Ein neues Dokument erstellen.

2 Das Polygon-Werkzeug wählen.

3 Klicken, ziehen und Umschalttaste zur Einschränkung drücken.

4 Maustaste loslassen.

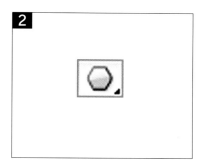
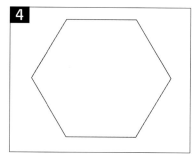

36   Übungen

5 Den weißen Pfeil auswählen.

6 Auf eine beliebige Stelle außerhalb des Polygons klicken.

7 Den Zeiger direkt auf ein Segment des Polygons richten.

8 Klicken und das Segment an eine andere Stelle ziehen.

9 Die letzte Aktion für ein anderes Segment wiederholen.

10 Nach Belieben weitere Segmente verändern, bis Sie letztlich eine völlig neue Form erstellt haben.

Die Segmente eines Objekts zu verschieben, um ein völlig neues Objekt zu erstellen, ist lediglich der erste Schritt: Sie können ein Objekt noch weiter verändern, indem Sie die Ankerpunkte verschieben.

11 Den weißen Pfeil direkt auf einem Ankerpunkt positionieren; neben dem Pfeilsymbol sollte dann ein kleines Quadrat erscheinen.

12 Klicken und den Ankerpunkt in eine beliebige Richtung ziehen.

13 Die Aktion mit anderen Ankerpunkten wiederholen.

14 Das Objekt nun nach Lust und Laune verändern.

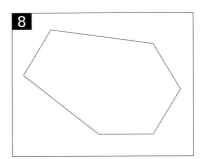
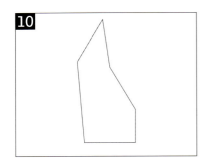
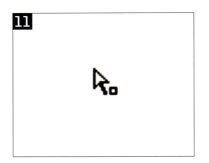
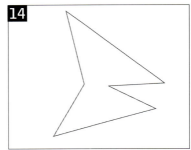

■ Tipp

Sie können mit dem weißen Pfeil auch mehrere Ankerpunkte auswählen: durch Anklicken bei gedrückter Umschalttaste oder durch Bereichsauswahl (Klicken und Ziehen). Sie können auch das Lasso-Werkzeug verwenden (weißes Lasso für Illustrator 10) und die Ankerpunkte „einfangen".

Übung 5

Farbe

Von der ersten Übung an hatten alle von Ihnen erstellten Objekte eine weiße Füllung und eine schwarze Kontur. Das liegt daran, dass Illustrator für alle neu erstellten Objekte standardmäßig diese beiden Farben verwendet, wenn vom Benutzer nichts anderes angegeben wird. Die beiden Felder Fläche und Kontur in der Werkzeugpalette stehen für die Füllfarbe und die Konturfarbe (Quadrat mit einem Loch in der Mitte). Bei der Auswahl eines Objekts können Sie dessen Farbstatus mit diesen beiden Feldern direkt ändern. Standardmäßig liegt das Flächenfeld über dem Konturfeld, das untere Feld kann jedoch durch Anklicken nach oben geholt werden. Das Feld im Vordergrund ist das Feld, auf das Sie eine neue Farbe anwenden. Vergewissern Sie sich also, welches Feld oben liegt, bevor Sie Fläche oder Kontur eines Objekts ändern.

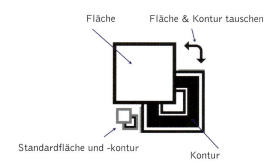

So ändern Sie die Farbe eines Objekts:

1. Öffnen Sie das Dokument „Fünf Quadrate", das Sie in Grundlagen-Übung 3 erstellt haben; Befehl+O (Strg+O für PC) oder **Menü>Datei>Öffnen**.

2. Wählen Sie mit dem schwarzen Pfeil das oberste Quadrat aus.

3. Vergewissern Sie sich, dass das Flächenfeld im Vordergrund ist.

4. Falls nicht, klicken Sie es an.

5. Bewegen Sie den Zeiger zur Farbfelderpalette und wählen Sie eine beliebige Farbe durch Anklicken aus.

6. Das Quadrat sollte jetzt mit der ausgewählten Farbe gefüllt sein.

7. Bewegen Sie den Zeiger zur Werkzeugpalette und klicken Sie auf das Konturfeld, um es in den Vordergrund zu bringen.

8. Bewegen Sie den Zeiger zur Farbfelderpalette und wählen Sie eine zweite Farbe, die nicht mit der ersten identisch sein darf.

9. Die Kontur des Quadrats sollte jetzt eine andere Farbe haben.

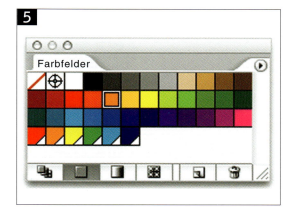

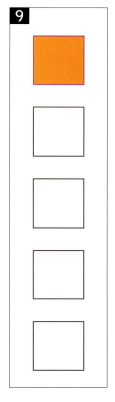

So vertauschen Sie die Farben für Fläche und Kontur:

10 Wählen Sie mit dem schwarzen Pfeil das obere Feld aus.

11 Klicken Sie in der Werkzeugpalette auf den doppelseitigen Pfeil neben den Feldern **Fläche und Kontur**.

12 Wenn Sie ein zweites Mal auf den doppelseitigen Pfeil klicken, werden die Farben wieder wie ursprünglich angezeigt.

Ein Objekt kann auch keine Fläche oder keine Kontur haben, aber um das zu sehen, müssen Sie das Transparenzraster einblenden, da Illustrator als Hintergrundfarbe Weiß verwendet.

So wenden Sie keine Fläche oder keine Kontur an:

13 Wählen Sie **Menü>Ansicht>Transparenzraster einblenden** oder Befehl+Umschalttaste+D (Strg+Umschalttaste+D für PC).

14 Wählen Sie mit dem schwarzen Pfeil das schwarze Quadrat aus.

15 Das Konturenfeld muss nun im Vordergrund sein.

16 Bewegen Sie den Zeiger in die Farbfelderpalette oder in den Werkzeugkasten und wählen Sie das Farbfeld [Ohne] aus.

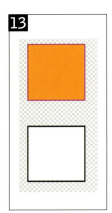

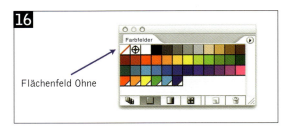
Flächenfeld Ohne

Flächenfeld Ohne

Wenn Sie das Transparenzraster ausblenden möchten, wählen Sie **Menü>Ansicht>Transparenzraster ausblenden** oder Befehl+Umschalttaste+D (Strg+Umschalttaste+D für PC). Wenn Sie jetzt wegklicken oder Befehl+Umschalttaste+A (oder Strg+Umschalttaste+A für PC) drücken, verschwindet das Quadrat, da es weiß vor weißem Hintergrund angezeigt wird. Anhand der anderen Quadrate wissen Sie ungefähr seine Position. Wählen Sie das Quadrat wieder mit dem schwarzen Pfeil aus. Wenn Sie es nicht finden können, blenden Sie das Transparenzraster wieder ein und wählen dann das Quadrat aus.

Vergewissern Sie sich, dass das Flächenfeld im Vordergrund ist. Falls nicht ist, klicken Sie es an. Gehen Sie in die Farbfelderpalette und wählen Sie eine Farbe aus. Speichern Sie das Dokument.

> ■ **Tipp**
>
> Sie können auch das Feld Standardfläche und -kontur (schwarze Kontur, weiße Fläche) in der Werkzeugpalette verwenden, um diese Farbkombination auf ein Objekt anzuwenden. Wählen Sie das Objekt aus und klicken Sie auf das Feld – ideal für Zeichnungen von Kleidungsstücken mit mehreren Ebenen und Designdetails (siehe Kapitel 5 und später).

Wie ich bereits erklärt habe, geben die Felder **Fläche** und **Kontur** die Farben an, die Sie für das Objekt ausgewählt haben. Wenn Sie mehr als ein Objekt ausgewählt haben, weiß Illustrator nicht mehr, welche Farbe die Anwendung in den Flächen- und Konturfeldern anzeigen soll. Daher wird die Farbe in einem oder beiden Feldern mit einem Fragezeichen markiert, abhängig von der Farbkombination der ausgewählten Objekte.

So wenden Sie Farbe auf mehrere Objekte an:

17 Wählen Sie alle Quadrate mit dem Pfeilwerkzeug aus.

18 Klicken Sie mit der Maus auf das Flächenfeld in der Werkzeugpalette, damit es in den Vordergrund kommt.

19 Wählen Sie nun eine Farbe in der Farbpalette. Durch einmaliges Klicken werden alle Quadrate mit Ihrer Farbe gefüllt.

Farbfelderpaletten

Illustrator enthält mehrere Arten von Farbfelderpaletten und Farbeffekten. In späteren Übungen werden wir uns die verschiedenen Farbeffekte und Paletten etwas genauer ansehen. Hier muss ein kurzer Blick auf einige davon genügen.

Sie können alle Farbfelderpaletten über **Menü>Fenster>Farbfelder-Bibliotheken** (Illustrator 10 und CS) oder direkt über das Pop-up-Menü der Farbfelderpalette (nur CS) einblenden (siehe Abb. rechts). Wählen Sie eine Bibliothek mit Pantone- oder anderen Markenfarben aus. Illustrator wird vor allem von Grafikdesignern und Illustratoren benutzt, was auch in den Farbfeld-Bibliotheken zum Ausdruck kommt. Leider ist keine Bibliothek für die in der Modebranche verwendeten Pantone-Farben vorhanden. Sie können jedoch jede andere Bibliothek verwenden, solange Ihre Fertigung bei der Produktion der Lab Dips die gleichen Farben verwendet

Farbmodi CMYK und RGB

Wenn Sie eine neue Datei öffnen, verwendet Illustrator standardmäßig den CMYK-Farbmodus. CMYK steht für Cyan, Magenta, Gelb, Schwarz und ist ein Druckstandard für Digital- und Offsetdruck, der für Bücher und Zeitschriften verwendet wird. Wenn Sie Ihre Arbeit auf Papier ausdrucken, aktivieren Sie die Option CMYK. Wenn Ihre Skizzen für den Bildschirm gedacht sind (Website, digitales Portfolio etc.), sollten Sie RGB (Rot, Grün, Blau) aktivieren. Über **Menü>Datei>Dokumentfarbmodus** können Sie den Farbmodus wechseln.

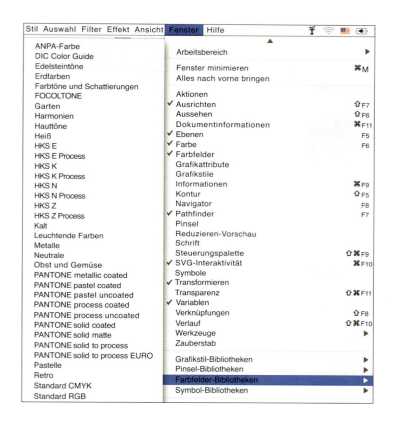

Um ein **neues Farbfeld zu erstellen**, klicken Sie in der Farbfelderpalette auf das Symbol Neues Farbfeld.

So ändern Sie ein Farbfeld:

20 Doppelklicken auf ein Farbfeld in der Farbfelderpalette.

21 Mit den Reglern im Feld Farbfeld-Optionen die Farbe ändern.

22 Zur Bestätigung auf OK klicken.

Übung 6

Das Text-Werkzeug

Illustrator bietet fantastische Funktionen zur Textbearbeitung. Im Gegensatz zu einem Textverarbeitungsprogramm wandelt Illustrator Text in editierbare Objekte um, sodass man Text beliebig in Form und Farbe bearbeiten kann. Sie können z. B. Ihren Namen mit dem Text-Werkzeug eingeben, eine gängige Schrift auswählen und dann ein Designer-Logo daraus machen. In Kapitel 18 erfahren Sie, wie. Jetzt stelle ich Ihnen die wichtigsten Funktionen zur Textbearbeitung vor.

So erstellen Sie Text:

1 Öffnen Sie das Dokument mit dem Namen „Fünf Quadrate".

2 Wählen Sie in der Werkzeugpalette das Text-Werkzeug.

3 Positionieren Sie den Zeiger auf der Zeichenfläche knapp unterhalb des obersten Quadrats und lassen Sie genügend Platz für den Text (etwa 1 cm).

4 Klicken Sie mit der Maus. Das Symbol des Text-Werkzeugs verwandelt sich in eine blinkende vertikale Linie.

5 Geben Sie die Farbe des Quadrats ein.

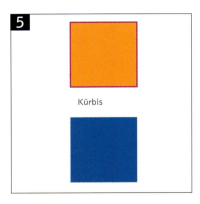

Jetzt möchten Sie vielleicht den Namen, die Größe, die Schrift und die Textausrichtung ändern.

So schreiben Sie Text um:

6 Positionieren Sie den Zeiger bei ausgewähltem Text-Werkzeug knapp links neben dem Text.

7 Klicken und ziehen Sie, bis Sie den gesamten Text ausgewählt haben (oder nur den Teil, den Sie ändern möchten).

8 Geben Sie einen neuen Namen ein.

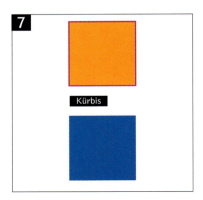

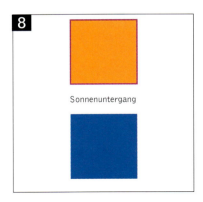

So ändern Sie Schrift und Größe:

9 Wählen Sie das Textobjekt mit dem schwarzen Pfeil oder dem Text-Werkzeug aus.

10 Wählen Sie **Menü>Fenster>Schrift>Zeichen**. *(Type character)*

11 Geben Sie in der Zeichenpalette die gewünschte Schrift und Größe ein.

11

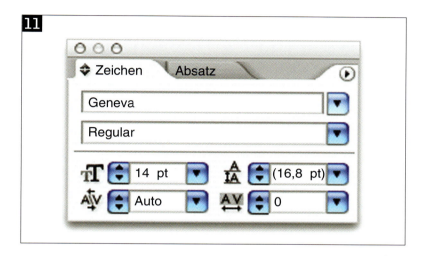

Sie können Schrift und Größe auch direkt in der Steuerungspalette ändern (nur Illustrator CS2).

So ändern Sie die Textausrichtung:

12 Wählen Sie **Menü>Fenster>Schrift>Absatzformate**.

13 Klicken Sie in der Absatzpalette auf das Symbol Zentrieren. Der Text wird mittig in seinem Pfad ausgerichtet. Sie sehen das daran, dass der kleine Punkt in die Mitte des Textpfads gewandert ist (unter dem Text).

14 Wenn der Text immer noch nicht mittig unter dem Quadrat sitzt, ist das hier nicht weiter schlimm. Nur falls er völlig falsch sitzt, verschieben Sie ihn mit dem schwarzen Pfeil.

13

Sie können die Textausrichtung auch direkt in der Steuerungspalette ändern.

Jetzt können Sie den Farbnamen für das nächste Quadrat duplizieren:

15 Wählen Sie mit dem schwarzen Pfeil den ersten Farbnamen aus.

16 Klicken und ziehen Sie ihn dann unter das zweite Quadrat. Drücken Sie die Alt-Taste, um ihn zu duplizieren, und die Umschalttaste, um das Verschieben vertikal einzuschränken.

17 Lassen Sie die Maustaste und dann die Umschalt- und Alt-Taste los.

18 Wählen Sie das Text-Werkzeug. Klicken und ziehen Sie über den Text. Geben Sie den neuen Farbnamen ein.

19 Wiederholen Sie Schritt 1 bis 4, bis jedes Quadrat einen Farbnamen hat.

Inzwischen dürfte Ihnen aufgefallen sein, dass Sie eine Farbkarte erstellen. Experimentieren Sie damit, ändern Sie Farben und Namen und versehen Sie die Quadrate mit schwarzer oder keiner Kontur. Dazu wählen Sie alle Quadrate aus und klicken auf das schwarze Farbfeld oder das Farbfeld [Ohne] in der Farbfelderpalette (siehe S. 38).

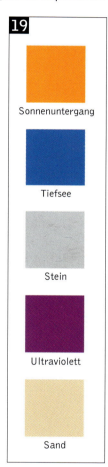

■ **Tipp**

Wenn Sie mit dem schwarzen Pfeil auf einen Textpfad doppelklicken, wird er automatisch hervorgehoben. Das geht schneller als zwischen schwarzem Pfeil und Text-Werkzeug hin- und her zu schalten.

So richten Sie Text und andere Objekte aus:

Falls Ihr Text immer noch nicht mittig unter den Quadraten sitzt, gehen Sie folgendermaßen vor:

20 Wählen Sie **Menü>Fenster>Ausrichten**.

21 Wählen Sie den gesamten Text und alle Farbfelder aus (Befehl+A oder Strg+A für PC).

22 Klicken Sie in der Ausrichtenpalette auf **Horizontal zentriert ausrichten** (wenn alle Objekte in die Seitenmitte verschoben werden, wählen Sie das Pop-up-Menü der Palette und deaktivieren **An Zeichenfläche ausrichten**). Wiederholen Sie die Aktion.

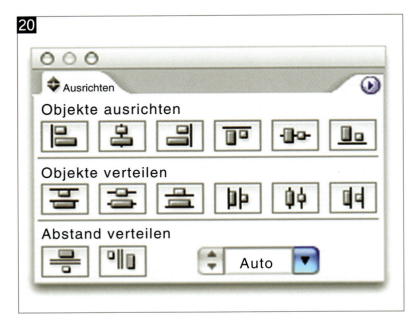

Wenn die erste Reihe ausgerichtet ist, können Sie sie kopieren und Ihrer Farbkarte weitere Farbfelder hinzufügen.

23 Falls noch nicht geschehen, wählen Sie alle Objekte auf der Zeichenfläche aus (Befehl+A).

24 Klicken und ziehen Sie mit dem schwarzen Pfeil die Auswahl nach rechts auf die Seite, dabei mit gedrückter Umschalttaste das Verschieben horizontal einschränken und mit der Alt-Taste duplizieren.

25 Lassen Sie erst die Maustaste, dann die anderen Tasten los.

26 Duplizieren Sie die Auswahl noch dreimal (Befehl+D oder Strg+D für PC).

27 Ändern Sie mit der Farbfelderpalette die Farben.

28 Schreiben Sie mit dem Text-Werkzeug die Farbnamen um.

29 Wählen Sie alles aus (Befehl+A oder Strg+A für PC).

30 Wählen Sie **Menü>Objekt>Gruppieren** (Befehl+G oder Strg+G für PC), um die Auswahl zu gruppieren.

31 Aktivieren Sie im Pop-up-Menü der Ausrichtenpalette die Option **An Zeichenfläche ausrichten**. Wählen Sie **Horizontal zentriert ausrichten**, dann **Vertikal zentriert ausrichten**.

32 Speichern Sie das Dokument als „Farbkarte 1" (**Menü>Datei>Speichern unter** oder Befehl+Umschalttaste+S bzw. Strg+Umschalttaste+S für PC).

Sie haben jetzt die Grundlagen-Übungen durchgearbeitet und eine einfache Farbkarte erstellt. Zur Übung sollten Sie jetzt eine Farbkarte von Grund auf neu erstellen – ohne Hilfe des Buches –, um herauszufinden, was Sie sich gemerkt haben. Da diese Grundlagen ständig gebraucht werden, sollten Sie sie wie im Schlaf beherrschen.

Übungen 43

Einfache Farbkarte

Kapitel 4
Übung Zeichenstift-Werkzeug

Der Illustrator-Zeichenstift ist eines der wichtigsten Werkzeuge für den Modedesigner, der Zeichnungen oder Skizzen erstellt, da dieses Werkzeug sowohl präzise als auch flexibel ist. Leider ist der Umgang mit dem Zeichenstift nicht ohne Tücken, doch wenn man ihn einmal beherrscht, kann man großartige Skizzen damit anfertigen.

Jede mit dem Zeichenstift erstellte Form enthält Segmente und Ankerpunkte wie jedes andere Objekt. Eine Form mit dem Zeichenstift zu zeichnen, ist so ähnlich wie einen Faden abspulen: Jedes Mal, wenn Sie mit der Maustaste klicken, folgt Ihnen der Faden. Die einfachste Verwendung des Zeichenstifts ist Einzelklick, Bewegung, Einzelklick, Bewegung usw. Das ergibt eine Form mit geraden Linien.

Wenn Sie ein Objekt mit dem Zeichenstift erstellen, können Sie es offen lassen oder schließen. Eine offene Form ist z. B. bei Steppnähten und anderen Details praktisch, kann aber Probleme schaffen, wenn sie mit Farbe gefüllt wird. Das gilt vor allem für eine weiße Füllung auf weißem Hintergrund, da Sie die weiße Füllung auf der weißen Zeichenfläche nicht sehen können und diese unter Umständen Objekte darunter verdeckt.

Das Schwierigste beim Umgang mit dem Zeichenstift ist das Zeichnen einer Kurve. Illustrator arbeitet mit Bézierkurven, bei denen ein Kurvengriff aus einem Ankerpunkt herausragt. Bearbeiten lässt sich eine Kurve, indem man auf das Ende klickt und zieht. Wenn man den Griff in Richtung des Ankerpunkts zieht, wird die Kurve flacher. Wenn der Griff vom Ankerpunkt wegbewegt, wird sie steiler. Einsteiger brauchen meist eine ganze Weile, bis sie gleichmäßige Kurven erstellen können.

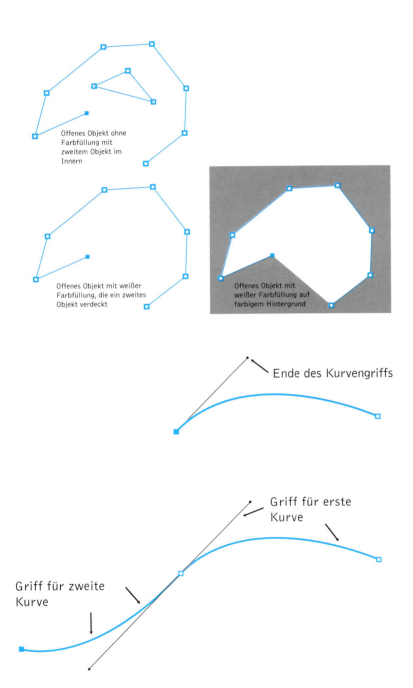

Zeichenstift-Werkzeug-Übung 1

Linie zeichnen, Form schließen

Da Zeichenstift-Kurven ihre Tücken haben, fangen wir mit einer einfachen Form an, die nur aus einer geraden Linie besteht:

1. Wählen Sie das Zeichenstift-Werkzeug.

2. Klicken Sie auf die Zeichenfläche (nicht klicken und ziehen!); damit erstellen Sie den ersten Ankerpunkt.

3. Bewegen Sie den Zeiger an eine beliebige Stelle der Zeichenfläche, um die Position des zweiten Ankerpunkts zu bestimmen.

4. Klicken Sie noch einmal. Jetzt sehen Sie eine Segmentlinie, die beim ersten Ankerpunkt beginnt und beim zweiten endet.

5. Legen Sie mit dem Zeiger die nächsten Ankerpunkte fest. Kreuzen Sie dabei mit dem Zeiger nicht das erste Segment.

6. Klicken Sie, um das zweite Segment zu erstellen.

7. Zeichnen Sie noch ein paar Segmente und kommen Sie dann langsam wieder in die Nähe des ersten Ankerpunkts.

8. Bewegen Sie zuletzt den Zeiger auf den ersten Ankerpunkt.

9. Wenn Sie den Zeiger direkt auf dem Ankerpunkt positioniert haben, sollte rechts unten davon ein kleiner Kreis angezeigt werden.

10. Wenn Sie den Zeiger mit dem kleinen Kreis sehen, klicken Sie, um das letzte Segment zu erstellen und die Form zu schließen.

Einschränkung beim Zeichenstift-Werkzeug

Der Zeichenstift kann auf verschiedene Winkel eingeschränkt werden (einschließlich 45 und 90 Grad), wenn Sie sich von einem Ankerpunkt zum nächsten bewegen. Mit dieser Aktion zeichnen Sie eine gerade Linie, eine 45-Grad-Linie oder eine vertikale Linie, abhängig davon, wo Sie den zweiten Ankerpunkt hinsetzen. Wir erstellen jetzt eine Form mit verschiedenen eingeschränkten Segmenten.

11. Klicken Sie bei ausgewähltem Zeichenstift auf den ersten Ankerpunkt.

12. Bewegen Sie den Zeiger horizontal nach links zum zweiten Ankerpunkt.

13. Drücken Sie die Umschalttaste und klicken Sie auf die Maustaste.

14. Lassen Sie die Umschalttaste los.

15. Sie sollten jetzt eine horizontale, gerade Linie sehen. Falls nicht, drücken Sie Befehl+Z (Strg+Z für PC) und fangen Sie noch einmal von vorn an, bis Sie die gewünschte Linie sehen.

16. Bewegen Sie den Zeiger auf der Zeichenfläche entlang einer vertikalen Linie nach oben in Richtung des dritten Ankerpunkts.

17. Drücken Sie die Umschalttaste, klicken Sie die Maustaste und lassen Sie die Umschalttaste los. Sie sollten jetzt eine gerade vertikale Linie sehen.

18. Bewegen Sie die Maus im 45-Grad-Winkel nach rechts oben. Drücken Sie die Umschalttaste und klicken Sie, um den dritten Ankerpunkt zu erstellen. Lassen Sie die Umschalttaste los.

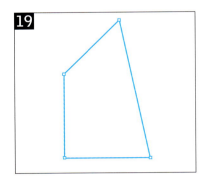 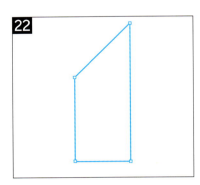

Offene Objekte erstellen

Diese Aktion eignet sich für Designdetails wie Abnäher, Falten und Steppnähte sowie halbe Kleidungsstücke, die dann gespiegelt werden. Anhand einer einfachen Falte üben wir hier das offene Objekt:

23 Klicken Sie mit dem Zeichenstift den ersten Ankerpunkt.

24 Bewegen Sie den Zeiger zum zweiten Ankerpunkt und klicken Sie, um das erste Segment zu erstellen.

19 Bewegen Sie den Zeiger auf den ersten Ankerpunkt. Warten Sie, bis bei dem Zeichenstift-Symbol der kleine Kreis rechts unten erscheint, und klicken Sie, um die Form zu schließen.

25 Bewegen Sie den Zeiger weiter für das zweite Segment.

26 Um das offene Objekt fertigzustellen, klicken Sie einfach auf den schwarzen Pfeil im Werkzeugkasten.

20 Das letzte Segment kann nicht eingeschränkt werden, da es so gut wie unmöglich ist, den Winkel der Einschränkung auf die Segmentabstände abzustimmen.

Alternative:

Klicken Sie auf eine beliebige Stelle auf der Zeichenfläche, während Sie die Befehlstaste drücken (Steuerung für PC). Das offene Objekt darf keine Füllfarbe haben.

21 Wählen Sie den weißen Pfeil und klicken Sie auf den ersten Ankerpunkt.

22 Drücken Sie auf die Pfeiltaste der Tastatur, um den Ankerpunkt nach links oder rechts zu verschieben und ihn an dem Ankerpunkt darüber auszurichten. Eventuell müssen Sie unter **Menü>Illustrator>Voreinstellungen>Allgemein** einen kleineren Wert im Feld **Schritte per Tastatur** eingeben.

Offenes Objekt

Einem Objekt Ankerpunkte hinzufügen

Sie können einem mit dem Zeichenstift erstellten Objekt (oder jedem anderen Objekt) Ankerpunkte hinzufügen und diese wieder löschen. Das ist praktisch, wenn Sie Formen ändern möchten. Zunächst fügen wir einem einfachen Objekt Ankerpunkte hinzu:

27 Wählen Sie das Rechteck-Werkzeug im Werkzeugkasten aus.

28 Klicken und ziehen Sie, um ein Rechteck zu erstellen.

29 Wählen Sie aus der schwebenden Palette mit dem Zeichenstift-Werkzeug das Ankerpunkt-hinzufügen-Werkzeug (wenn es nicht angezeigt wird, trennen Sie es von der Werkzeugpalette ab).

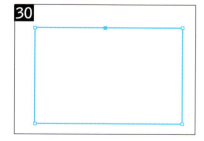

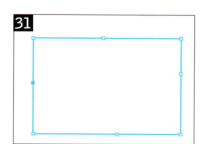

30 Klicken Sie auf die Segmente des Rechtecks, an denen Sie einen Ankerpunkt hinzufügen möchten.

31 Fügen Sie drei weitere Ankerpunkte hinzu (einen pro Segment).

32 Wählen Sie den weißen Pfeil und klicken Sie auf einen der neu erstellten Ankerpunkte.

33 Schieben Sie den Ankerpunkt an eine neue Position, entweder mit den Pfeiltasten oder durch Klicken und Ziehen.

34 Verschieben Sie einen zweiten Ankerpunkt an eine neue Position, um eine neue Form zu erstellen.

So löschen Sie Ankerpunkte:

35 Wählen Sie das Ankerpunkt-löschen-Werkzeug

36 Klicken Sie auf einen Ankerpunkt, um ihn zu löschen.

37 Wenn Sie mehrere Ankerpunkte löschen, können Sie eine völlig andere Form erstellen.

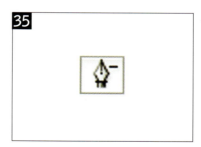

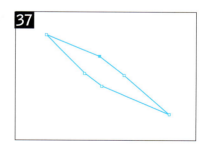

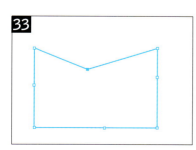

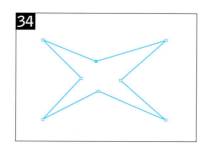

Zeichenstift-Werkzeug-Übung 2

Kurven erstellen und bearbeiten

Jetzt kommt der heikle Moment: Wir erstellen eine Kurve mit dem Zeichenstift-Werkzeug. Hoffentlich wird es nicht so schwierig, wie ich vorhin angedeutet habe.

1 Wählen Sie das Zeichenstift-Werkzeug und klicken Sie auf der Zeichenfläche auf den ersten Ankerpunkt.

2 Bewegen Sie den Zeiger an die Stelle des zweiten Ankerpunktes, klicken und ziehen Sie dann die Maus. MAUSTASTE NICHT LOSLASSEN!

3 Jetzt sollten zwei Kurvengriffe angezeigt werden, einer neben dem Mauszeiger, der zweite ein Stück davon entfernt.

4 Solange Sie die Maustaste gedrückt halten, können Sie die Kurve formen. Bewegen Sie die Maus kreisförmig, um die Kurve zu korrigieren. Wenn die Kurve fertig ist, lassen Sie die Maustaste los.

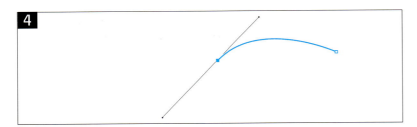

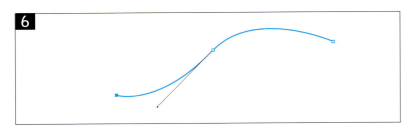

5 Bewegen Sie den Zeiger zum nächsten Ankerpunkt und klicken Sie. Jetzt wird automatisch eine zweite Kurve angezeigt.

6 Mit gedrückter Alt-Taste klicken Sie die Auswahl für das Segment weg (alternativ: schwarzen Pfeil auswählen und klicken).

Illustrator fügt automatisch ein zweites Kurvensegment an das erste an, denn wenn eine Kurve erstellt wird, hat sie immer zwei Kurvengriffe. Der Kurvengriff auf der rechten Seite gehört zur ersten Kurve, der auf der linken Seite zur zweiten Kurve.

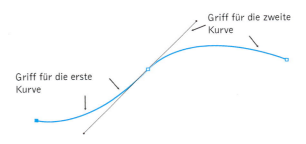

Um eine gleichmäßige zweite Kurve zu zeichnen, sollten Sie darauf achten, dass sie in die gleiche Richtung wie der Griff verläuft. Das sehen wir uns später in der ersten Übung zu einer Modeskizze an.

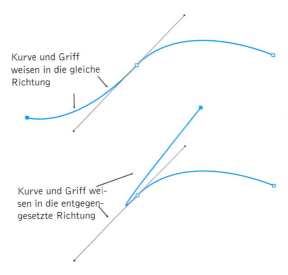

So erstellen Sie eine Kurve, gefolgt von einer geraden Linie:

7 Wählen Sie das Zeichenstift-Werkzeug aus und erstellen Sie mit einem Klick auf die Zeichenfläche den ersten Ankerpunkt.

8 Bewegen Sie den Zeiger in Richtung des nächsten Ankerpunkts und klicken und ziehen Sie, um eine Kurve zu erstellen.

9 Lassen Sie die Maustaste los, wenn die Kurve die richtige Form hat.

10 Statt zur Position des nächsten Ankerpunkts zu gehen, positionieren Sie den Zeiger auf dem eben erstellten Ankerpunkt und klicken ihn an (neben dem Zeichenstiftsymbol sollte ein Schrägstrich erscheinen). Dann verschwindet der zweite Kurvengriff.

11 Bewegen Sie den Zeiger an die Position des nächsten Ankerpunkts und klicken Sie, um ein gerades Segment zu erstellen.

12 Drücken Sie die Befehlstaste (oder die Strg-Taste für Windows) und klicken Sie weg, um die Auswahl der Form aufzuheben (alternativ: schwarzen Pfeil auswählen und wegklicken).

Eine Kurve können Sie beliebig bearbeiten. Außerdem können Sie eine Kurve löschen oder an einem Ankerpunkt eine Kurve erstellen.

So bearbeiten Sie eine Kurve:

13 Wählen Sie den weißen Pfeil und bewegen Sie den Zeiger zur ersten erstellten Form (zwei Kurven).

14 Klicken Sie auf den mittleren Ankerpunkt (den mit den Kurvengriffen) oder führen Sie eine Bereichsauswahl durch. Sie sollten jetzt zwei Kurvengriffe sehen.

15 Wählen Sie aus, welche Kurve und damit auch welchen Griff Sie bearbeiten möchten.

16 Positionieren Sie den Zeiger auf das Ende des ausgewählten Kurvengriffs.

17 Klicken und ziehen Sie den Griff. Bewegen Sie den Zeiger in einer kreisförmigen Bewegung, um die Kurvenrichtung zu ändern, oder nach oben und unten, um die Kurve flacher oder steiler zu machen.

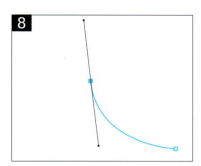

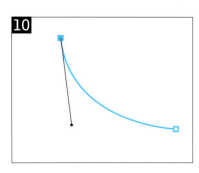
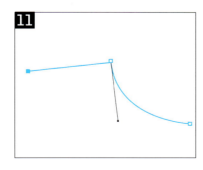

So löschen Sie eine Kurve oder erstellen eine neue Kurve:

18 Zeichnen Sie ein Segment mit mindestens einer Kurve.

19 Wählen Sie in der schwebenden Zeichenstiftpalette das Ankerpunkt-konvertieren-Werkzeug.

20 Klicken Sie auf den Ankerpunkt einer Kurve; die Kurve verwandelt sich in ein gerades Segment.

21 Um eine Kurve an einem nicht zu einer Kurve gehörenden Ankerpunkt zu erstellen, klicken und ziehen Sie einfach den Ankerpunkt mit dem Ankerpunkt-konvertieren-Werkzeug.

18
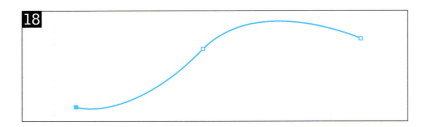

19

20
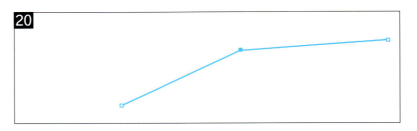

21
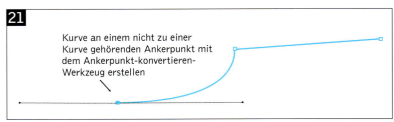

Kurve an einem nicht zu einer Kurve gehörenden Ankerpunkt mit dem Ankerpunkt-konvertieren-Werkzeug erstellen

Das war's! So schwierig war es doch nicht, oder? Sie sollten jetzt etwas üben und versuchen, eine einfache Form aus einer Modeskizze zu zeichnen, z. B. einen Kragen. Damit bekommen Sie ein besseres Gefühl für das Zeichnen von geraden Linien und Kurven.

Kragenform

Kapitel 5
Übung Erste Modeskizze

Nachdem Sie die Grundlagen des Illustrator beherrschen, können wir anfangen, Zeichnungen (oder technische Zeichnungen) für Kleidungsstücke zu erstellen. Um es Ihnen so einfach wie möglich zu machen, werden Sie zuerst ein ärmelloses Oberteil zeichnen. Sehen Sie dieses Oberteil als Basismodell an, aus dem Sie zahlreiche andere Entwürfe entwickeln können. Wie Sie bereits wissen, lassen sich Zeichnungen in Illustrator am besten mit dem Zeichenstift-Werkzeug erstellen. Daher sollten Sie die Grundlagen zu diesem Werkzeug beherrschen und einfache Formen damit zeichnen können.

Zeichnungen mit Illustrator erstellen zu können, ist zwar schön und gut, aber am wichtigsten ist, dass Ihnen das Zeichnen mit der Anwendung Spaß macht und Sie Ihrer Kreativität dabei freien Lauf lassen können.

Für Zeichnungen in Illustrator gelten folgende Grundsätze:

- Erstellen Sie möglichst wenige Ankerpunkte. Ein halbes ärmelloses Oberteil z. B. sollte nicht mehr als sieben Ankerpunkte haben. Wenn Sie zu viele Ankerpunkte haben, erhalten Sie unter Umständen ungleichmäßige Segmente und unebene Kurven und können Formen schwieriger bearbeiten.
- Eine Skizze in Illustrator zu zeichnen, ist so ähnlich, als würden Sie ein Schnittmuster aus Papier schneiden. Die Ankerpunkte sind in der Regel an wichtigen Schnittlinien positioniert, z.B. Taille, Brust, Hüfte usw.
- Eine Form kann mit einem Mausklick gespiegelt werden, Sie brauchen also nur die halbe Form zu zeichnen.
- Zeichnungen haben mindestens zwei Ebenen: eine Formebene, die die Umrissform des Kleidungsstücks enthält, und eine Detailebene, die alle Details enthält.

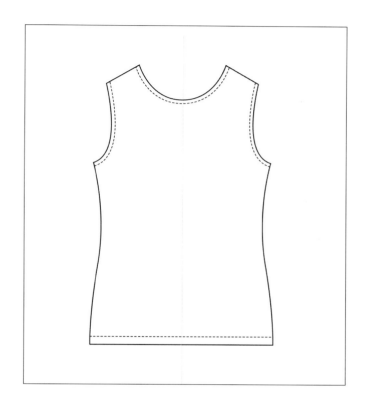

Vorbereitungen

Bevor Sie mit dem Erstellen Ihrer ersten Zeichnung beginnen, müssen Sie Ihren Arbeitsbereich entsprechend vorbereiten, indem Sie wie bei einem Schnittmuster eine vordere Mittellinie erstellen. Außerdem müssen Sie der ersten Ebene einen Namen geben.

So erstellen Sie eine Mittellinie:

1. Erstellen Sie ein neues Dokument mit dem Namen „Erste Skizze".

2. Wählen Sie **Menü>Ansicht>Lineale einblenden** (oder Befehl+R). Sie sehen jetzt zwei Lineale auf der linken Seite und oberhalb des Zeichenfensters.

3. Bewegen Sie den Mauszeiger über das linke Lineal und klicken und ziehen Sie die Maus auf die Seitenmitte (Sie sollten eine vertikale gepunktete Linie sehen, die Ihrer Maus folgt).

4. Lassen Sie die Maustaste los.

5. Sie sollten jetzt eine blaue Linie sehen, die die Seite vertikal unterteilt (diese Hilfslinien werden nicht gedruckt).

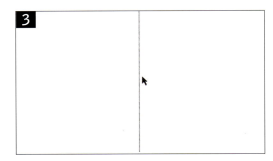

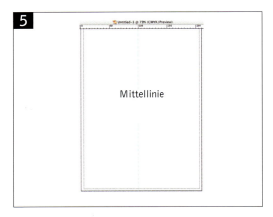

So ändern Sie den Namen der Ebene:

6. Wenn die Ebenenpalette nicht angezeigt wird, wählen Sie **Menü>Fenster>Ebenen**.

7. Doppelklicken Sie in der Ebenenpalette auf den Text für Ebene 1.

8. Markieren Sie im Dialogfeld **Ebenen-Optionen** den Text „Ebene 1" und ersetzen Sie ihn durch „Form".

9. Klicken Sie zur Bestätigung auf **OK**.

Die Form des Oberteils

Nachdem Sie die Seite eingerichtet haben, können Sie mit dem Zeichnen der Formlinien beginnen. Sie werden wohl nicht gleich eine perfekte Form zustande bringen, sollten aber darauf achten, alle Ankerpunkte, Linien und Kurven zu zeichnen. Die Form können Sie später noch korrigieren. Das ärmellose Oberteil besteht aus sieben Ankerpunkten: Ausschnitt Mittellinie, Hals Seite, Schulter, Armloch, Taille, Hüfte/Saum Seite und Hüfte/Saum Mittellinie.

10   Wählen Sie das Zeichenstift-Werkzeug.

11   Klicken Sie im ersten Drittel der A4-Seite auf die Mittellinie, um den ersten Ankerpunkt zu erstellen.

12   Bewegen Sie den Zeichenstift nach links und leicht nach oben. Klicken Sie, um den Ankerpunkt für den seitlichen Ausschnitt zu erstellen. Für den Anfang ist es besser, den halben Ausschnitt gerade zu machen – beim Spiegeln später werden Sie sehen, warum.

13   Bewegen Sie den Zeichenstift wieder nach links, dieses Mal etwas unterhalb des letzten Punkts. Klicken Sie, um den Schulterpunkt zu erstellen.

14   Gehen Sie unter den letzten Ankerpunkt etwas nach links. Klicken und ziehen Sie, um die Kurve für das Armloch zu erstellen. Lassen Sie die Maustaste los. Sie sehen jetzt zwei Griffe einer Bézierkurve. Da das nächste Segment gerade ist, brauchen wir nur einen Griff. Klicken Sie auf den Ankerpunkt. Sie sollten jetzt nur noch einen Griff sehen.

15   Gehen Sie direkt unter den Ankerpunkt für das Armloch und klicken und ziehen Sie, um eine Taillenlinie zu erstellen (versuchen Sie, die Kurvengriffe so nah wie möglich an der Form zu halten). Lassen Sie die Maustaste los.

16   Gehen Sie zur Position des nächsten Ankerpunkts, indem Sie den Zeiger gerade nach unten bewegen, leicht nach links. Klicken Sie, um den Ankerpunkt für den seitlichen Saum zu erstellen.

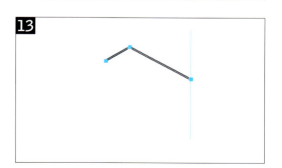

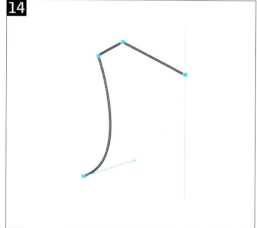

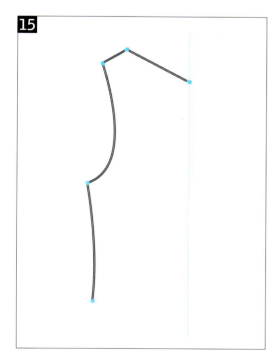

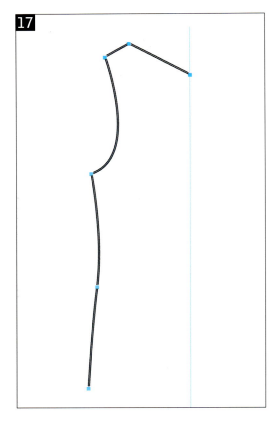
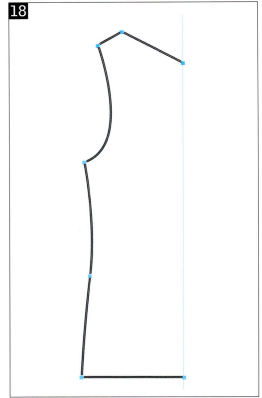
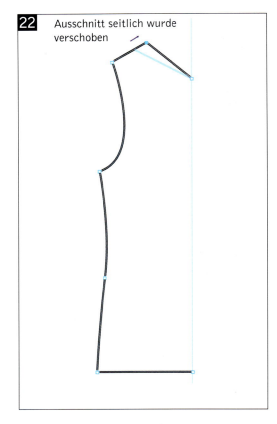

17 Bewegen Sie die Maus in horizontaler Richtung auf die Mittellinie zu. Halten Sie die Umschalttaste gedrückt, um die Aktion einzuschränken, und klicken Sie. Jetzt ist die Form des halben Oberteils fertig.

18 Wählen Sie den schwarzen Pfeil oder klicken Sie weg+Alt-Taste, um den Zeichenstift zu deaktivieren.

Form bearbeiten

Die halbe Form ist fertig, aber der obere Teil muss bearbeitet werden. Dazu gibt es mehrere Möglichkeiten: Sie können einzelne oder Gruppen von Ankerpunkten verschieben, Bézierkurven bearbeiten oder Kurven- und gerade Segmente direkt bearbeiten. Einige dieser Aktionen haben Sie in den Grundlagen für einfache Objekte bereits gelernt. Die verschiedenen Techniken werden hier noch einmal in Verbindung mit dem Kleidungsstück erläutert.

Ankerpunkte verschieben

Diese Technik eignet sich für Ankerpunkte, die nicht an der richtigen Stelle sitzen. Bei Ihrer ersten Form stimmen die Proportionen meist noch nicht, und Sie haben vielleicht den Ankerpunkt für den Ausschnitt zu tief und die Taillenlinie zu hoch angesetzt.

So verschieben Sie einzelne Ankerpunkte:

19 Positionieren Sie den weißen Pfeil außerhalb der Form nahe des Ankerpunkts, den Sie ändern möchten.

20 Klicken und ziehen Sie, um den Ankerpunkt auszuwählen. (Alternative: Doppelklicken auf den Ankerpunkt.)

21 Verschieben Sie den Ankerpunkt mit den Pfeiltasten oder klicken und ziehen Sie ihn an eine beliebige Stelle.

22 Lassen Sie die Maustaste los, um den Ankerpunkt an seine neue Position zu bringen.

So verschieben Sie mehrere Ankerpunkte:

23 Wählen Sie den weißen Pfeil und positionieren Sie ihn außerhalb der Form in der Nähe des Ankerpunkts, den Sie ändern möchten.

24 Klicken und ziehen Sie, um die Ankerpunkte auszuwählen. (Alternative: Klicken bei gedrückter Umschalttaste und direkte Auswahl der Ankerpunkte.)

25 Verschieben Sie die Ankerpunkte mit den Pfeiltasten oder klicken und ziehen Sie sie an eine beliebige Stelle.

26 Lassen Sie die Maustaste los, um die Ankerpunkte an die neue Position zu bringen.

Bézierkurven bearbeiten

Die Form des Oberteils enthält zwei Bézierkurven: das Armloch und die Taillenlinie. So ändern Sie diese:

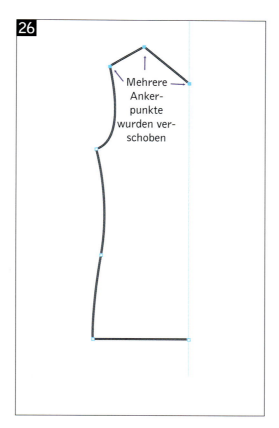

26 Mehrere Ankerpunkte wurden verschoben

27 Klicken Sie auf den Ankerpunkt für das Armloch oder wählen Sie ihn mit dem weißen Pfeil aus.

28 Klicken und ziehen Sie das Ende des Kurvengriffs, um die Kurve zu ändern.

29 Lassen Sie die Maustaste los, wenn die Kurvenform stimmt.

30 Für die Taillenlinie verwenden Sie die gleiche Technik – klicken und ziehen Sie einen der beiden Kurvengriffe.

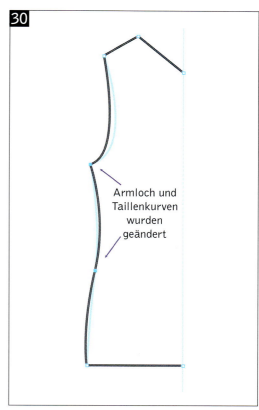

30 Armloch und Taillenkurven wurden geändert

Segmente direkt bearbeiten:

Sie können Segmente nicht nur über Ankerpunkte, sondern auch direkt bearbeiten. Sie können z. B. den Saum verschieben oder die Armlochkurve direkt ändern, ohne die Griffe der Bézierkurven anklicken zu müssen. Beginnen wir mit einem geraden Segment:

31 Wählen Sie den weißen Pfeil.

32 Klicken und ziehen Sie ein gerades Segment (Schulter oder Saum).

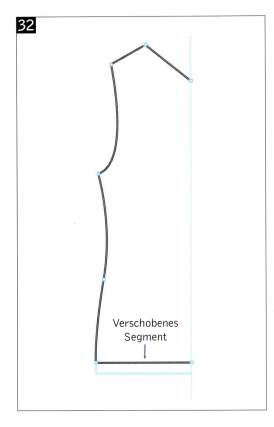

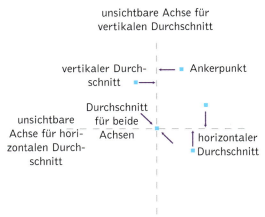

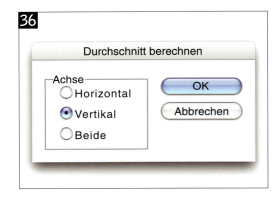

So berechnen Sie den Durchschnitt von Ankerpunkten

Mit dieser Technik richten Sie zwei oder mehr Ankerpunkte an einer vertikalen oder horizontalen Achse oder an beiden Achsen aus. Die Durchschnittsberechnung von Ankerpunkten wird bei einer Zeichnung für ein Kleidungsstück sehr häufig gebraucht. Bevor Sie die halbe Form des Oberteils spiegeln, müssen Sie für den ersten und den letzten Ankerpunkt den Durchschnitt für die vertikale Achse berechnen. Wenn Sie die Form spiegeln, muss diese genau auf der Mittellinie sitzen, damit die gespiegelte Form lückenlos an die Originalform anschließt.

So berechnen Sie den Durchschnitt:

33 Lassen Sie die Maustaste los.

Bearbeiten Sie mit der gleichen Technik ein Kurvensegment, aber denken Sie daran, dass Sie die Kurve nicht verschieben können – Sie können lediglich deren Form zwischen den beiden statischen Ankerpunkten ändern.

34 Mit dem weißen Pfeil führen Sie eine Bereichsauswahl für den ersten und letzten Ankerpunkt durch (oder klicken bei gedrückter Umschalttaste darauf).

35 Wählen Sie **Menü>Objekt>Pfad> Durchschnitt berechnen** (Befehl+Umschalttaste+J oder Strg+Umschalttaste+J für PC).

36 Wählen Sie die Option **Vertikal**.

37 Klicken Sie zur Bestätigung auf **OK**.

38 Die Ankerpunkte sollten auf der Mittellinie sitzen; falls nicht, verschieben Sie sie mit den Pfeiltasten.

■ Tipp

Sie können auch das Kontextmenü verwenden. Wählen Sie die entsprechenden Ankerpunkte aus, klicken Sie auf die rechte Maustaste und wählen Sie im Menü **Durchschnitt berechnen**.

Form an der Mittellinie ausrichten

Illustrator enthält eine Funktion zur Ausrichtung am Raster, mit der Sie die Form an der Mittellinie ausrichten können. Dazu gehen Sie folgendermaßen vor:

39 Wählen Sie **Menü>Ansicht>Hilfslinien>Hilfslinien ausblenden**.

40 Wählen Sie **Menü>Illustrator>Voreinstellungen>Allgemein** (oder Befehl+K).

41 Wählen Sie **Hilfslinien** und **Raster** aus. Bei **Abstand** geben Sie 10 ein, bei **Unterteilungen** 1. Klicken Sie **OK**.

42 Wählen Sie **Menü>Ansicht>Raster einblenden** (oder Befehl+).

43 Klicken und ziehen Sie eine vertikale Hilfslinie auf die Seitenmitte.

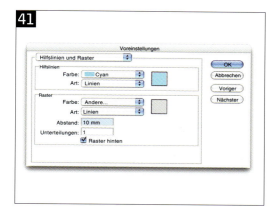

44 Verschieben Sie mit dem schwarzen Pfeil die Form in Richtung der Hilfslinie, bis sie daran ausgerichtet ist.

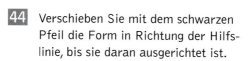

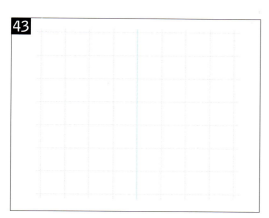

Form spiegeln

Wenn die halbe Form an der Mittellinie ausgerichtet ist, kann sie gespiegelt werden:

45 Wählen Sie die Form mit dem schwarzen Pfeil oder Befehl+A (Strg+A für PC) aus.

46 Wählen Sie das Spiegeln-Werkzeug, das im Drehen-Werkzeug verborgen ist. (Bei Versionen unter 10 wird das Spiegeln-Werkzeug an einer anderen Stelle im Werkzeugkasten angezeigt).

47 Wenn Sie bei ausgewähltem Spiegeln-Werkzeug auf die Seite klicken, erscheint in der Mitte ein Zielsymbol. Dieses Ziel ist der Spiegelmittelpunkt. Da in diesem Fall die Mittellinie der Spiegelmittelpunkt ist, müssen Sie das Ziel verschieben. Dazu klicken Sie einfach die Mittellinie an – an einer beliebigen Stelle zwischen dem ersten und letzten Ankerpunkt der Form.

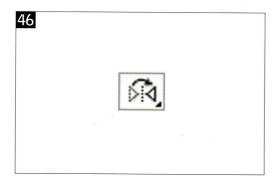

58 Übung Erste Modeskizze

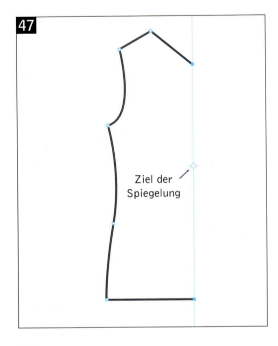

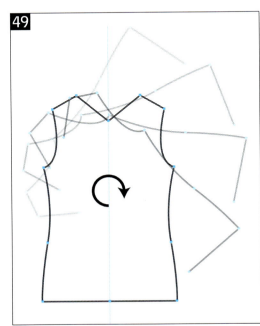

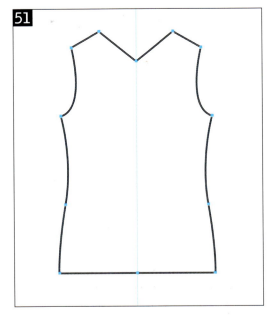

Wenn die Form falsch gespiegelt ist, haben Sie vielleicht die Umschalttaste nicht richtig gedrückt. Wenn Sie nur die gespiegelte Form sehen und das Original nicht mehr, haben Sie die Alt-Taste nicht richtig gedrückt. Machen Sie Befehl+Z und fangen Sie von vorn an.

Wenn die Form gespiegelt ist, müssen Sie die Hälften zusammenfügen:

So fügen Sie offene Formen zusammen:

52 Wählen Sie den weißen Pfeil.

53 Klicken und ziehen Sie von einer Stelle ober- und außerhalb der Form für eine Bereichsauswahl der Endankerpunkte des Ausschnitts an der Mittellinie.

54 Wenn die beiden Punkte auseinanderliegen, müssen Sie über **Menü>Objekt>Pfad>Durchschnitt berechnen** (Befehl+Alt+J oder Strg+Alt+J für PC) den Durchschnitt berechnen.

55 Aktivieren Sie **Beide** im Dialogfeld.

56 Wählen Sie **Menü>Objekt>Pfad>Zusammenfügen** (Befehl+J oder Strg+J für PC). Aktivieren Sie **Ecke**.

57 Wiederholen Sie Schritt 1 bis 4 für die beiden Endankerpunkte am Saum der Mittellinie.

58 Die Form ist jetzt ein Objekt. Wählen Sie es mit dem schwarzen Pfeil aus. Der Begrenzungsrahmen sollte die gesamte Form umgeben.

48 Bewegen Sie den Mauszeiger links von der Form etwas oberhalb von ihr.

49 Klicken und ziehen Sie die Maus mit einer kreisförmigen Bewegung im Uhrzeigersinn. Die gespiegelte Form bewegt sich vom Original weg. Solange Sie die Maustaste gedrückt halten, können Sie die Form bewegen.

50 Bewegen Sie die Form an die gewünschte Position. Drücken Sie die Umschalttaste, um die Bewegung horizontal einzuschränken, und Alt, um die Originalform zu duplizieren.

51 Lassen Sie die Maustaste sowie die Umschalt- und Alt-Taste los.

56

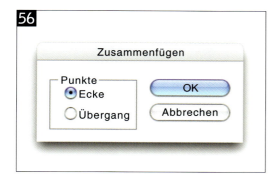

■ Tipp

Wenn Sie zwei Ankerpunkte zusammenfügen, bekommen Sie eventuell folgende Fehlermeldung:

Meist liegt es daran, dass Sie mehr als zwei Endankerpunkte ausgewählt haben. Es kann aber auch an einzelnen Ankerpunkten liegen.

Einzelne Ankerpunkte sind Ankerpunkte ohne Segment. Sie entstehen häufig, wenn man mit dem weißen Pfeil ein Segment, aber nicht die zugehörigen Ankerpunkte löscht. Diese einzelnen Ankerpunkte werden erst angezeigt, wenn Sie sie auswählen oder in den Vorschaumodus gehen (**Menü>Ansicht>Vorschau** oder Befehl+Y, Strg+Y für PC). Über **Menü>Auswahl>Objekt>Einzelne Ankerpunkte** können Sie alle einzelnen Ankerpunkte automatisch auswählen und löschen.

62

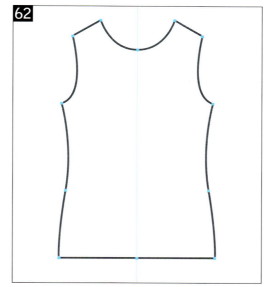

So wird aus dem V- ein Rundausschnitt:

59 Wählen Sie das Ankerpunkt-konvertieren-Werkzeug.

60 Klicken und ziehen Sie den Ankerpunkt des Ausschnitts an der Mittellinie, um eine Bézierkurve zu erstellen.

61 Wenn Sie eine sonderbar aussehende Kurve erhalten, machen Sie mit der Maus eine kreisförmige Bewegung, dabei die Maustaste gedrückt halten.

62 Drücken Sie bei gedrückter Maustaste die Umschalttaste, um die Kurve auf eine horizontale Linie einzuschränken. So bleiben beide Seiten des Ausschnitts gleich. Verläuft die Kurve gleichmäßig, lassen Sie die Maustaste los.

Jetzt ist das Oberteil fertig und ein einzelnes Objekt. Sie können es nun im Begrenzungsrahmen bearbeiten. Häufig sehen halbe Formen recht gut aus, doch beim Spiegeln stellt sich dann heraus, dass sie zu breit oder zu schmal sind. Daher sollten Sie Ihre halbe Form zunächst spiegeln und überprüfen. Wenn es ein Problem gibt, löschen Sie die gespiegelte Seite und bearbeiten die Originalform, bevor Sie ein zweites Mal spiegeln.

Die Form sollte fix und fertig sein, bevor Sie mit der Arbeit an den Designdetails beginnen. Eventuelle Änderungen führen Sie also am besten jetzt aus.

■ Tipp

Es ist besser, einen Ausschnitt mit einer einzelnen Kurve in der Mitte statt einer Kurve auf jeder Seite zu zeichnen. Deshalb haben Sie das Oberteil mit V-Ausschnitt erstellt und diesen nach dem Zusammenfügen zu einer Kurve geändert. Ein aus einer Kurve bestehender Ausschnitt kann nämlich tiefer oder höher gemacht werden, ohne seine Form zu verlieren.

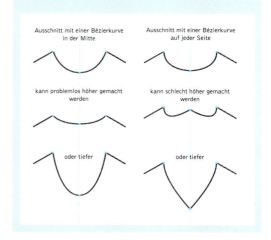

Die Detailebene

Eine Modeskizze hat mindestens zwei Ebenen: eine für die Form und eine für die Details. So können Sie die Formebene fixieren, während Sie an den Details arbeiten. In Illustrator können Sie beliebig viele Ebenen erstellen. Sie sollten den einzelnen Ebenen jedoch eine eindeutige Bezeichnung geben, um nicht lange nach einem Element suchen zu müssen. Eine Ebene kann auch ausgeblendet werden, während eine andere eingeblendet bleibt, so können Sie z. B. den Inhalt einer Ebene deutlicher sehen. Um in einer Ebene arbeiten zu können, müssen Sie diese zunächst auswählen, indem Sie in der Ebenenpalette auf den Namen der Palette klicken.

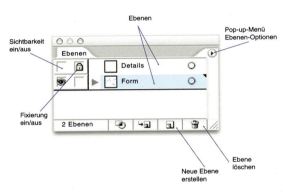

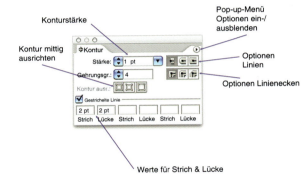

So erstellen Sie eine neue Ebene:

63 Klicken Sie in der Ebenenpalette auf **Neue Ebene erstellen** oder wählen Sie im Pop-up-Menü **Neue Ebene ...** aus.

64 Wenn Sie über die Ebenenpalette gegangen sind, sehen Sie eine neue Ebene in der Palette. Darauf Doppelklicken. Geben Sie bei **Ebenen-Optionen** im Feld **Name** „Details" ein, dann auf **OK**.

65 Wenn Sie über das Pop-up-Menü gegangen sind, wird ein Dialogfeld für die neue Ebene angezeigt. Geben Sie im Feld **Name** „Details" ein.

66 Klicken Sie zur Bestätigung auf **OK**.

67 Klicken Sie in der Ebenenpalette auf **Fixierung ein/aus** der Formebene. Sie müssten ein Vorhängeschloss sehen. Die Formebene ist jetzt fixiert.

Steppnähte

Da dies Ihre erste Zeichnung ist, werden Sie nur eine einfache Steppnaht mit der Konturpalette erstellen, mit der recht viele Steppnahtgrößen und -arten möglich sind. Zuerst zeichnen wir die Steppnaht am Saum:

68 Wählen Sie das Zeichenstift-Werkzeug.

69 Bewegen Sie den Mauszeiger zum Saum auf der linken Seite etwas oberhalb des Saums.

70 Klicken Sie auf den ersten Ankerpunkt. Bewegen Sie den Zeiger zur rechten Seite des Saums. Halten Sie dabei stets den gleichen Abstand zum Saum ein.

71 Nun halten Sie die Umschalttaste gedrückt. Klicken Sie auf den zweiten Ankerpunkt. Drücken Sie Befehl+Wegklicken (alternativ: schwarzer Pfeil).

72 Wählen Sie mit dem schwarzen Pfeil das gerade erstellte Segment aus.

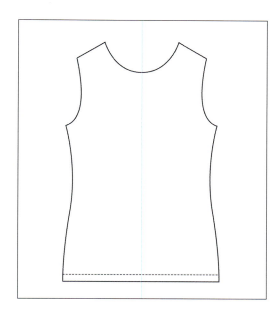

Ausschnitt- und Armloch-Details

Diese Übung enthält keine Rippung am Ausschnitt, da dieses Thema in der Übung T-Shirt-Skizze (S. 108 – 115) folgt. Die Rippung wird durch eine einfache Steppnaht ersetzt. Auch das Armloch wird mit einer Steppnaht versehen. Statt die Steppnaht für Armloch und Ausschnitt neu zu zeichnen, werden Sie die Formkurven kopieren und einfügen und bei Bedarf ändern. Das ist die einfachste Methode zum Zeichnen einer gebogenen Parallellinie. In einer späteren Übung werden Sie eine raffiniertere Technik lernen.

So erstellen Sie aus den Formlinien eine Steppnaht:

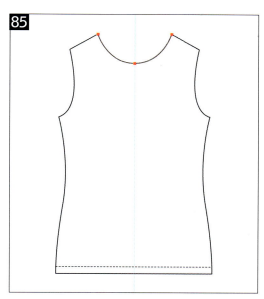

73 Geben Sie dem Segment eine schwarze Kontur und keine Füllfarbe.

74 Aktivieren Sie in der Konturpalette **Gestrichelte Linie** (alternativ: Wählen Sie im Pop-up-Menü **Optionen einblenden**).

75 Geben Sie einen Wert für Strich und Lücke ein. Illustrator verwendet standardmäßig 12 pt als Strich, was für eine Steppnaht viel zu groß ist. Ideal ist 2 pt.

76 Ändern Sie die Linienenden zu **Abgeflachte Linienenden,** damit die Steppnaht realistischer wirkt.

77 In der Ebenenpalette die Formebene anklicken.

78 Auf das Vorhängeschloss klicken, um die Ebene zu entriegeln.

79 Nun erst im Pop-up-Menü der Ebenenpalette nachschauen, ob die Option **Ebenen beim Einfügen merken** deaktiviert ist und ggf. deaktivieren.

80 Mit dem weißen Pfeil auf den Ankerpunkt des Ausschnitts an der Mittellinie klicken.

81 Befehl+C (oder Strg+C für PC) oder **Menü>Bearbeiten>Kopieren** wählen.

82 In der Ebenenpalette auf das Feld **Fixierung ein/aus** der Formebene klicken.

83 Die Detailebene durch Anklicken aktivieren.

84 Befehl+F (oder Strg+F für PC) drücken oder **Menü>Bearbeiten>Einfügen**.

85 Der kopierte Ausschnitt wurde in der Detailebene an der ursprünglichen Position über der Form eingefügt.

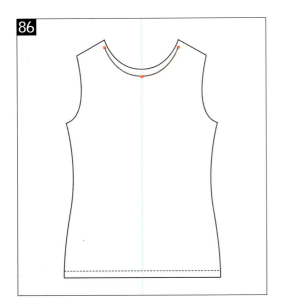
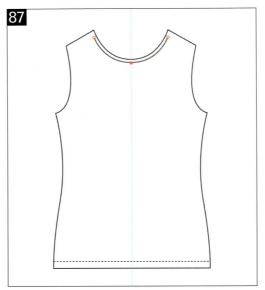
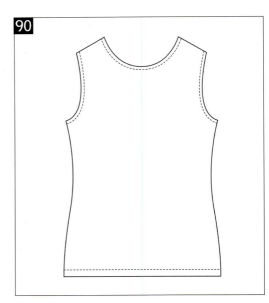
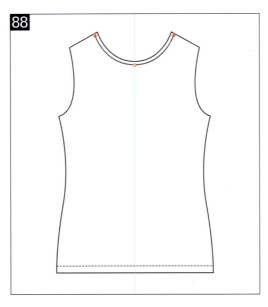

86 Die neue Ausschnittlinie nach unten an die Stelle verschieben, an der die Steppnaht sitzen soll. Dazu die Pfeiltaste nach unten verwenden.

87 Mit dem weißen Pfeil den mittleren Ankerpunkt der neuen Ausschnittlinie auswählen und mit der Pfeiltaste nach oben verschieben, bis er parallel zur ursprünglichen Ausschnittlinie sitzt.

88 Die Position der seitlichen Ankerpunkte, wie in der Skizze gezeigt, ändern.

89 Den neuen Ausschnitt mit dem schwarzen Pfeil auswählen. In der Konturpalette **Gestrichelte Linie** aktivieren. Auf das Symbol **Abgerundete Linienenden** klicken und für Strich und Lücke den Wert 2 pt eingeben.

90 Die Schritte 77 bis 89 für die beiden Armloch-Steppnähte wiederholen.

■ Tipp

Sie können auch das Pipette-Werkzeug verwenden, um die Attribute einer Steppnaht zu kopieren. Dazu wählen Sie mit dem schwarzen Pfeil die Linie, auf die kopiert werden soll, aus und wählen dann das Pipette-Werkzeug. Klicken Sie auf die Steppnaht (z. B. die Saumkante). Jetzt werden die Attribute der Steppnaht (Linienenden sowie Werte für Strich und Lücke) auf die ausgewählte Linie kopiert.

Jetzt ist Ihre erste Skizze fertig! Es ist ein sehr einfaches Design, das nur ein Detail enthält, da es in dieser Übung vor allem darum ging, die wichtigsten Grundlagen einer Zeichnung in Illustrator zu lernen.

Kapitel 6
Übung Rockskizze

Ab jetzt enthalten die Übungen zu den Zeichnungen keine detaillierten Erklärungen zu einfachen, sich wiederholenden Aufgaben mehr, die Sie bereits beherrschen (z. B. Form bearbeiten, Form spiegeln, eine neue Ebene erstellen usw.). Wenn Sie nicht mehr wissen, wie man eine dieser grundlegenden Aktionen ausführt, gehen Sie einfach zur Übung Erste Modeskizze zurück. Aktionen dieser Art werden ab jetzt nur noch mit Namen erwähnt. Alle folgenden Übungen – auch diese – enthalten nur noch detaillierte Erklärungen zu neuen Techniken oder Themen, die sich speziell auf die Übung beziehen.

Die Rockform, die wir jetzt erstellen, ist ein relativ unkompliziertes Design. Aber Sie lernen in dieser Übung auch, wie man mit einer Dummy-Vorlage arbeitet, eine Vorder- und Rückansicht erstellt und einen einfachen Reißverschluss und Abnäher zeichnet.

Arbeiten mit einer Dummy-Vorlage

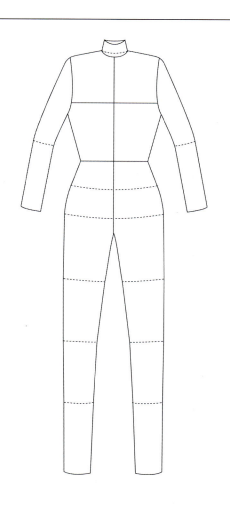

Wenn Sie mit dem Illustrator Zeichnungen erstellen, ist es oft schwierig, ein Gefühl für die Proportionen und Maße zu bekommen. In der Fertigung werden Muster häufig anhand von Zeichnungen produziert, daher sparen Sie viel Zeit, wenn Sie Entwürfe mit den richtigen Proportionen abgeben. Hierfür hat sich das Arbeiten mit einer Dummy-Vorlage bewährt. Sie können Ihren eigenen Dummy erstellen oder den hier abgebildeten einscannen. Der fertige Dummy sollte nicht schwarz umrandet sein, um Verwechslungen mit Ihren Zeichnungen zu vermeiden. Der Dummy hier ist nur schwarz, damit er sich besser einscannen lässt! Sie können die Farbe in Photoshop oder einer anderen Bildbearbeitungssoftware ändern. Wenn Sie einen Dummy erstellen oder scannen, sollten die Datei nicht zu groß werden (Scannen mit 150 dpi/Graustufen).

So platzieren Sie einen Dummy auf der Zeichenfläche:

1. Erstellen Sie ein neues Dokument (A4/Hochformat).

2. Wählen Sie Menü>Datei>Platzieren ... (oder öffnen Sie den Dummy wie jede andere Datei direkt in Illustrator).

3. Platzieren Sie das Dummy-Bild in der Mitte der A4-Seite.

4. Ändern Sie in der Ebenenpalette den Namen der Ebene in „Dummy" und fixieren Sie die Ebene.

> **■ Tipp**
>
> Die Dummy-Vorlage kann nicht für alle Kleidungsstücke verwendet werden. Für den Rock aus dieser Übung z. B. sind die Beine des Dummys zu weit gespreizt. Lediglich die Taillen-, Hüft- und Knielinien sind zu gebrauchen.

64 Übung Rockskizze

Form zeichnen

Wie in der letzten Übung beginnen wir mit dem Zeichnen der Kleidungsform:

5 Eine neue Ebene erstellen und sie „Form" nennen.

6 Darauf achten, dass die Lineale eingeblendet sind. Falls nicht: Befehl+R (oder Strg+R für PC).

7 Klicken und eine vertikale Hilfslinie auf die Mittellinie des Dummys ziehen.

8 Ausgehend von der Mittellinie, mit dem Zeichenstift auf die Stelle klicken, an der der erste Ankerpunkt für den Bund sitzen soll.

9 Die halbe Form mit vier weiteren Ankerpunkten (Taille seitlich, Hüfte, Saum seitlich, Saum Mittellinie) zeichnen und dabei den Koordinaten des Dummys folgen. Um den Dummy unter der Formebene zu sehen, darf die halbe Form keine Füllfarbe haben.

10 Den schwarzen Pfeil wählen oder die Befehlstaste drücken, dabei wegklicken, um die Auswahl der halben Form aufzuheben

11 Bei Bedarf die Form ändern.

12 Mit dem schwarzen Pfeil die gesamte Form auswählen.

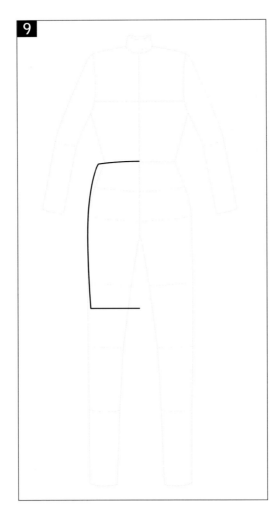

13 Mit dem Spiegeln-Werkzeug die Form spiegeln.

14 Mit dem weißen Pfeil die beiden Endankerpunkte auf der Mittellinie der Taille und der Mittellinie des Saums wählen und diese mit den Befehlen **Durchschnitt berechnen** und **Zusam-**

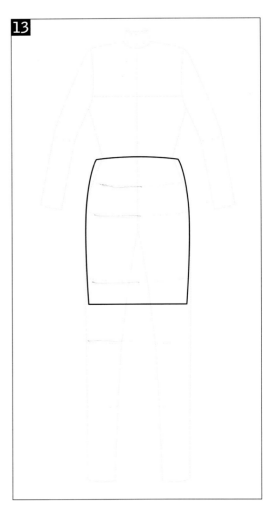

menfügen zusammenfügen (Befehl+Alt+J) und (Befehl+J).

Die Form ist fertig. Jetzt brauchen Sie den Dummy nicht mehr und können ihn ausblenden, indem Sie in der Dummy-Ebene auf das Symbol **Sichtbarkeit ein/aus** klicken.

Details zeichnen

Dieser Rock hat nur wenige Details, aber Sie können gern experimentieren und weitere hinzufügen. Bei der Übung geht es darum, wie man eine Vorder- und Rückansicht erstellt, für die man jeweils die gleiche Form und einige der Details verwendet. Diese Technik wird in allen folgenden Übungen verwendet. Designer können so schneller arbeiten, da es sich erübrigt, eine Form für die Vorder- und eine zweite für die Rückansicht zu zeichnen. Die abgebildete Form hat eine leicht nach außen gewölbte Taille, die sich für Vorder- und Rückansicht verwenden lässt.

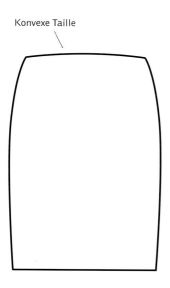

Konvexe Taille

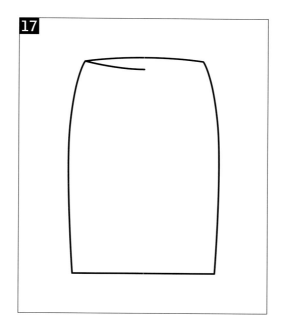

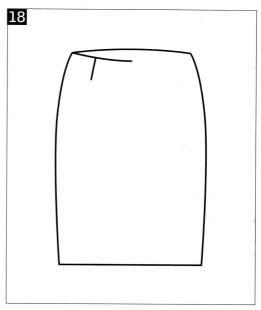

So zeichnen Sie die Details der Vorderansicht auf die Form:

15 Neue Ebene mit dem Namen „Details" erstellen und fixieren.

16 Mit dem Zeichenstift-Werkzeug die Hälfte der vorderen Taille zeichnen, angefangen mit einem Ankerpunkt an der Seite der Taille und einem zweiten auf der Mittellinie. Eine Bézierkurve für den zweiten Ankerpunkt erstellen, dabei die Umschalttaste gedrückt halten, um die Kurve einzuschränken.

17 Wegklicken (Befehl+Klick auf eine beliebige Stelle der Zeichenfläche).

18 Mit dem Zeichenstift-Werkzeug mit zwei Ankerpunkten den vorderen Abnäher unterhalb der Taille zeichnen. Wegklicken.

19 Mit dem schwarzen Pfeil die Taille und den Abnäher auswählen.

20 Mit dem Spiegeln-Werkzeug Taille und Abnäher spiegeln (dabei Alt-Taste zum Duplizieren und Umschalttaste zur horizontalen Einschränkung drücken!).

66   Übung Rockskizze

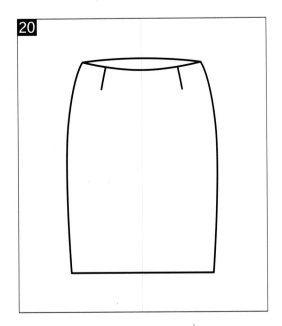

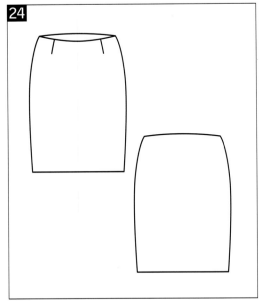

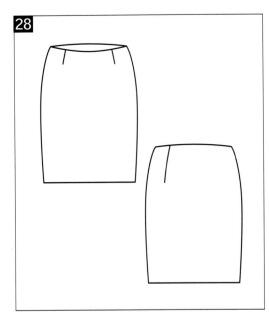

So machen Sie aus der Vorderansicht eine Rückansicht:

21 In der Ebenenpalette die Detailebene fixieren und die Formebene freigeben.

22 Durch Anklicken die Formebene auswählen.

23 Mit dem schwarzen Pfeil die Form auswählen.

24 Klicken und die Form nach unten rechts ziehen. Umschalttaste drücken, um sie auf einen 45-Grad-Winkel einzuschränken, und Alt-Taste, um die Form zu duplizieren. Erst die Maustaste, dann die Alt- und Umschalttaste loslassen.

25 Klicken und eine vertikale Hilfslinie in die Mitte der Rückansicht ziehen.

26 Die Formebene fixieren und die Detailebene freigeben.

Jetzt können Sie die Details auf der Rückansicht zeichnen:

27 Detailebene anklicken.

28 Mit dem Zeichenstift-Werkzeug den Abnäher hinten mit zwei Ankerpunkten zeichnen (siehe Abnäher vorn). Wegklicken.

29 Mit dem schwarzen Pfeil den hinteren Abnäher auswählen.

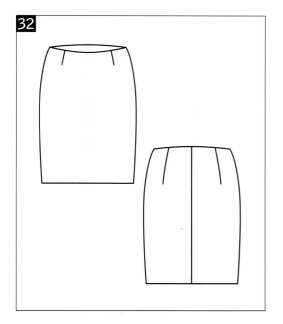 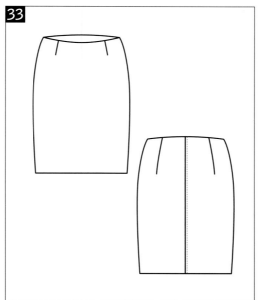 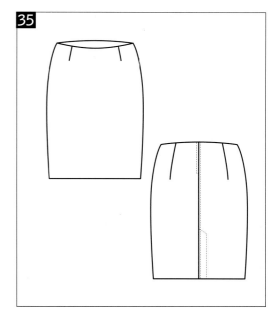 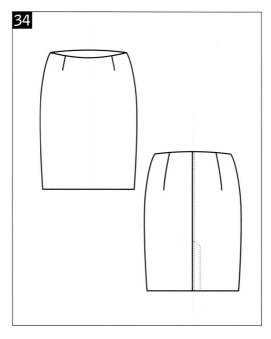

30 Mit dem Spiegeln-Werkzeug zuerst den Abnäher spiegeln. Als Ziel der Spiegelung die hintere Mittellinie verwenden. Alt-Taste zum Duplizieren und Umschalttaste zum Einschränken drücken.

31 Mit dem Zeichenstift-Werkzeug die Mittelnaht hinten entlang der Mittellinie mit zwei Ankerpunkten zeichnen.

32 Wegklicken, um die Linie fertigzustellen.

33 Mit dem schwarzen Pfeil die gerade erstellte Linie anklicken und nach rechts ziehen; Alt-Taste zum Duplizieren und Umschalttaste zum Einschränken drücken. Die Kontur auf **Gestrichelte Linie** setzen; bei **Strich** und **Lücke** 2 pt eingeben. **Abgerundete Linienenden** und eine **Stärke** von 0,5 pt wählen.

34 Mit dem Zeichenstift und drei Ankerpunkten den hinteren Schlitz zeichnen. Wegklicken, um ihn fertigzustellen.

35 Mit immer noch aktivem Zeichenstift-Werkzeug die Steppnaht des Reißverschlusses mit drei Ankerpunkten zeichnen. Wegklicken, um die Auswahl aufzuheben. Sowohl die Steppnaht des Reißverschlusses als auch die des Schlitzes sollten automatisch als Steppnaht angezeigt werden; falls nicht, das Pipette-Werkzeug einsetzen, um die Steppnaht von der Naht der hinteren Mittellinie zu kopieren.

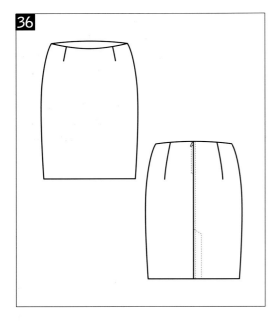 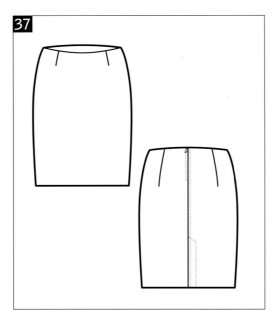

36 Eine simple Reißverschlusslasche mit drei Ankerpunkten zeichnen – die einfachste Art, einen verdeckten Reißverschluss darzustellen. Wegklicken, um die Lasche fertigzustellen. Unter Umständen ist die Lasche wie die zuvor gezeichneten Objekte mit einer Steppnaht versehen. Bei ausgewählter Lasche das Feld **Gestrichelte Linie** in der Konturpalette deaktivieren und die Kontur stärker machen (1 pt).

37 Die Fixierung der Formebene aufheben, beide Formen auswählen und mit einer Kontur von 2 pt versehen.

Der Rockentwurf ist fertig. Wenn Sie Schwierigkeiten hatten, liegt das vielleicht daran, dass die einzelnen Schritte in dieser Übung nicht mehr so detailliert beschrieben sind wie bei der letzten Übung. Lesen Sie dort nach, wenn Sie irgendwo stecken bleiben.

Kapitel 7
Übung Hosenskizze

Ich hoffe, Sie haben die letzte Übung durcharbeiten können, ohne dabei in der ausführlichen Schritt-für-Schritt-Anleitung der ersten Übung nachsehen zu müssen. Sie sollten sich allmählich auf Designthemen konzentrieren und nicht ständig nachsehen müssen, wie man ein Werkzeug benutzt oder eine Form bearbeitet. Wenn Sie bei der letzten Übung einen Blick in den Text der ersten Übung werfen mussten, ist das aber völlig normal, schließlich müssen Sie am Anfang vieles lernen. Und merken Sie sich, dass der Designprozess in Illustrator – egal, ob einfach oder komplex – stets nach dem in der ersten Übung vorgestellten Grundprinzip abläuft.

In der Übung zur Hosenskizze lernen Sie ein paar neue Funktionen kennen und erstellen neue Designdetails, z. B. Vierlochknöpfe, paspelierte Taschen und gesteppte Riegel. Wenn Sie mit Illustrator eine Hosenform zeichnen, benutzen Sie am besten die gleichen Schnittlinien (oder Ankerpunkte) wie bei einem Schnittmuster auf Papier. Die Techniken sind also die gleichen wie in den Übungen für das ärmellose Oberteil und den Rock. Wenn die Ankerpunkte an den richtigen Stellen sitzen, können Sie durch einfaches Verschieben der Ankerpunkte aus einem Grunddesign viele verschiedene Hosenformen erstellen.

Die Form erstellen

Wir zeichnen jetzt eine einfache Männerhose mit geradem Bein, die sich problemlos zu einer Damenhose ändern lässt. Für die richtigen Proportionen können Sie den Dummy benutzen.

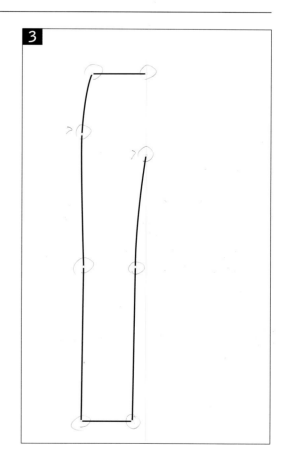

Wir beginnen mit dem Zeichnen des Beins:

1. In einem neuen Dokument eine vertikale Hilfslinie auf die Seitenmitte ziehen. Nennen Sie die Ebene „Form".

2. (Optional) Eine neue Ebene erstellen, und „Dummy" nennen, darauf den Dummy platzieren. Die Dummy-Ebene liegt unter der Form und ist fixiert.

3. Mit dem Zeichenstift-Werkzeug das linke vordere Bein mit acht Ankerpunkten zeichnen, angefangen bei Taille Mittellinie, dann Taille seitlich, Hüfte, Knie außen, Saum außen, Saum innen, Knie innen und Schritt.

4. Folgende Ankerpunkte sollten Kurven haben: Hüfte und Schritt.

5. Falls erforderlich, bearbeiten Sie die Form mit dem weißen Pfeil.

6. Nun die gesamte Form auswählen (entweder mit dem schwarzen Pfeil oder mit dem Befehl **Alles auswählen**).

7. Wählen Sie das Spiegeln-Werkzeug; das Ziel für die Spiegelung auf die Mittellinie verschieben und die Form spiegeln, dabei die Alt- als auch die Umschalttaste gedrückt halten.

8. Erst die Maustaste und dann die Alt- und Umschalttaste loslassen.

9. Mit dem weißen Pfeil und der Bereichsauswahl die beiden Endankerpunkte an der Taille auf der Mittellinie auswählen (klicken und Rahmen darüberziehen).

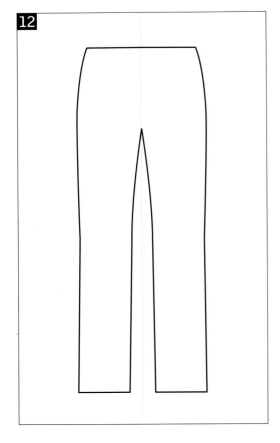
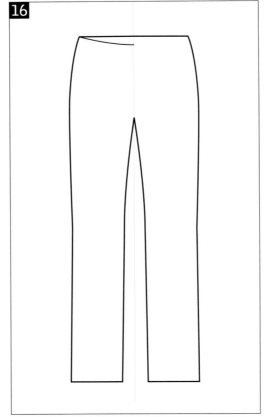
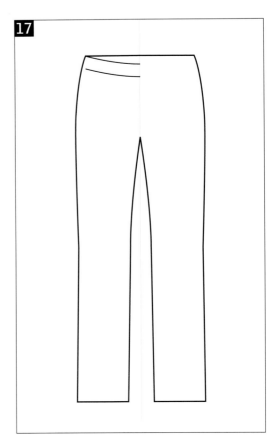

10 Für die beiden Endankerpunkte die Befehle **Durchschnitt berechnen** (Befehl+ Alt+J) und **Zusammenfügen** (Befehl+ J) durchführen. Für die beiden äußeren Endankerpunkte wiederholen (linker und rechter Schritt).

11 Die Form ist jetzt ein einzelnes Objekt.

12 Die Form mit dem schwarzen Pfeil auswählen und bei Bedarf Proportionen über Begrenzungsrahmen ändern.

Details zeichnen

So zeichnen Sie den Hosenbund:

13 Erstellen Sie eine neue Ebene und nennen Sie sie „Details". Fixieren Sie die Formebene und die Dummy-Ebene.

14 Mit dem Zeichenstift-Werkzeug den halben vorderen Bund zeichnen, angefangen bei einem Ankerpunkt an der seitlichen Taille und einem zweiten auf der Mittellinie. Für den zweiten Ankerpunkt eine Bézierkurve erstellen, dabei zur Einschränkung Umschalttaste gedrückt halten.

15 Wegklicken zum Fertigstellen.

16 Den Bund mit einer schwarzen Kontur (1 pt) und keiner Füllfarbe versehen.

17 Anstatt den Bund noch einmal neu zu zeichnen, wählen Sie das Bundsegment

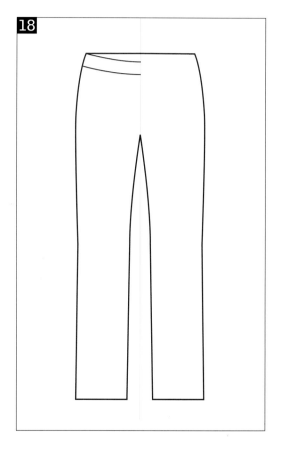

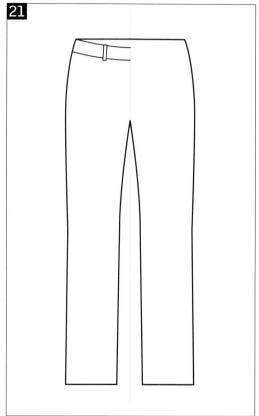

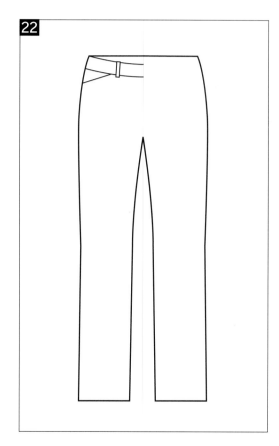

mit dem schwarzen Pfeil aus und ziehen es nach unten – dabei Umschalt- und Alt-Taste gedrückt halten. Lassen Sie die Maustaste los.

18 Mit dem weißen Pfeil den linken Ankerpunkt des Bunds auswählen und mit der linken Pfeiltaste bewegen oder per Maus zur Taille verschieben. Die Kurve sollte parallel zum Bund verlaufen. Falls nicht, die Bundkurve am Ankerpunkt auf der Mittellinie bearbeiten.

So zeichnen Sie die Gürtelschlaufe:

19 Das Rechteck-Werkzeug wählen, auf dem Bund positionieren, klicken und für eine einfache Gürtelschlaufe ziehen.

20 Die Gürtelschlaufe mithilfe des Begrenzungsrahmens bearbeiten, wenn Größe und Proportionen noch nicht stimmen. Sie können die Gürtelschlaufe auch etwas drehen, damit sie senkrecht auf dem Bund steht.

21 Die Gürtelschlaufe mit Weiß füllen, um Taille und Bund zu verdecken, sodass die Segmente überlappen.

So zeichnen Sie die Vordertasche mit gesteppten Riegeln:

22 Mit Zeichenstift-Werkzeug die Vordertasche mit zwei Ankerpunkten zeichnen, danach wegklicken. Achten Sie darauf, dass dieses Segment keine Füllfarbe hat.

72 Übung Hosenskizze

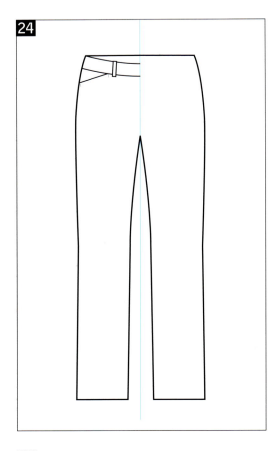

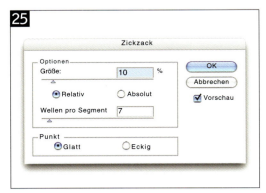

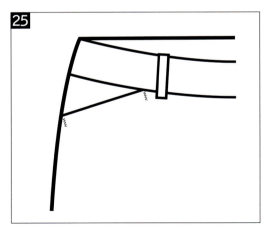

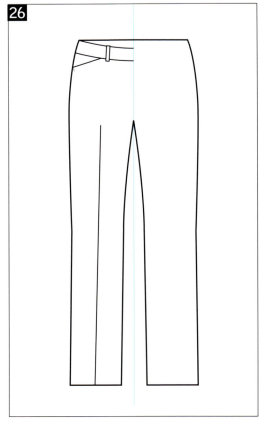

23 Zwei kleine Segmente mit je zwei Ankerpunkten an der Stelle zeichnen, an der die gesteppten Riegel der Tasche sitzen sollen.

24 Beide Segmente mit dem schwarzen Pfeil auswählen und ihnen eine Konturstärke von 0,25 pt geben.

25 Bei immer noch aktiven Segmenten **Menü>Filter>Verzerrungsfilter>Zickzack** auswählen. Im Dialogfeld die Vorschau aktivieren, damit angezeigt wird, wie die Zacken auf den Segmenten aussehen. Die Zacken in der abgebildeten Zeichnung haben eine Größe von 10 %, sind relativ und glatt und haben sieben Wellen pro Segment. Darauf achten, dass die Kontur abgerundete Linienenden und Linienecken hat.

Sie können mit unterschiedlichen Zackenarten experimentieren, wenn die Hose anders aussehen soll.

So zeichnen Sie die Bügelfalte und spiegeln die Details:

26 Mit dem Zeichenstift-Werkzeug eine Bügelfalte mit zwei Ankerpunkten zeichnen und wegklicken. Achten Sie darauf, dass die Linie der Bügelfalte in der Mitte des Saums endet und dass die Bügelfalte keine Füllfarbe hat.

27 Mit dem schwarzen Pfeil alle Details auswählen.

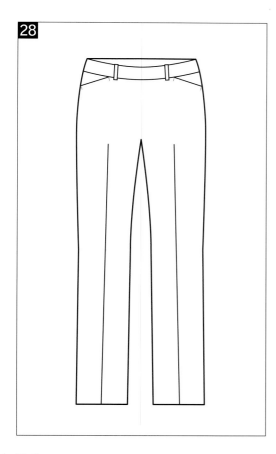

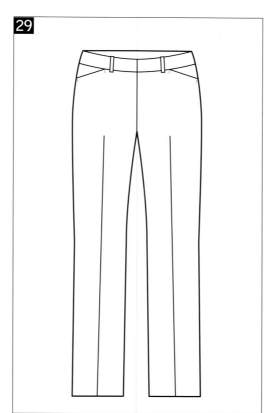

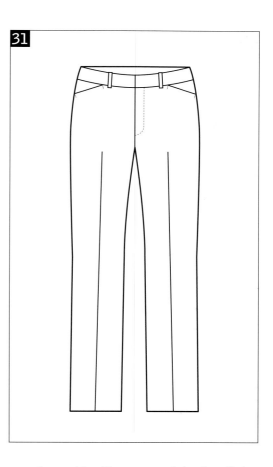

28 Mit dem Spiegeln-Werkzeug die Details spiegeln (Umschalt- und Alt-Taste drücken nicht vergessen!).

So zeichnen Sie den Hosenschlitz:

29 Mit dem Platzieren zweier Ankerpunkte die Mittellinie zeichnen, ausgehend von der Taille auf der Mittellinie (Sie können die Mittellinie mit dem Ankerpunkt der Taille auf der Mittellinie verknüpfen, indem Sie darauf klicken, wenn neben dem Zeichenstift ein schräg stehender Strich angezeigt wird). Klicken Sie weg.

30 Oberhalb des Schritts auf den ersten Ankerpunkt der Mittellinie klicken und den Zeiger nach rechts oben bewegen, um den zweiten Ankerpunkt mit einer Bézierkurve zu erstellen. Der letzte Ankerpunkt sollte genau auf der Bundlinie liegen. Die Umschalttaste zum Einschränken drücken, dann wegklicken.

31 Den Hosenschlitz mit dem schwarzen Pfeil wählen und in der Konturpalette **Gestrichelte Linie** aktivieren. Bei **Strich und Lücke** 2 pt eingeben. Die Kontur für die Steppnaht des Schlitzes sollte 0,25 pt mit abgerundeten Linienenden und -ecken haben.

74 Übung Hosenskizze

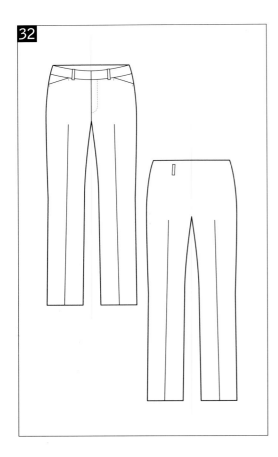 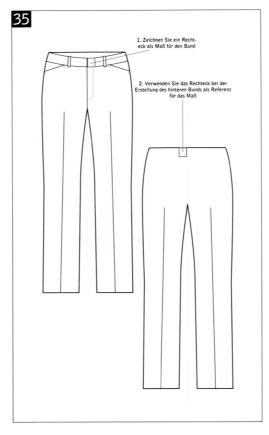 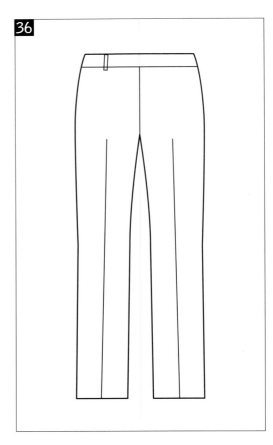

Im nächsten Schritt verdoppeln wir die Vorderansicht, um daraus die Rückansicht zu erstellen, und übernehmen einige Details:

32 Die Formebene entriegeln und mit dem schwarzen Pfeil Hose, beide Bügelfalten und linke Gürtelschlaufe auswählen.

33 Klicken und die Form nach rechts unten ziehen. Mit der Umschalttaste auf einen 45-Grad-Winkel einschränken und mit der Alt-Taste duplizieren.

34 Die Formebene fixieren und den Bund zeichnen. Die Umschalttaste gedrückt halten, wenn Sie auf den zweiten Ankerpunkt klicken, um das Segment horizontal einzuschränken, dann wegklicken.

35 Um sicher zu sein, dass der Bund hinten genauso groß ist wie vorn, wählen Sie das Rechteck-Werkzeug und klicken und ziehen ein Rechteck über den Bund vorn. Darauf achten, dass es genauso hoch ist wie der Bund. Mit dem schwarzen Pfeil das Rechteck auf den hinteren Bund verschieben, dabei die obere Linie an der oberen Bundlinie ausrichten. Falls erforderlich, das Liniensegment des hinteren Bunds auswählen und mit den Pfeiltasten verschieben. Wenn Sie fertig sind, löschen Sie das Rechteck.

36 Die Mittellinie mit zwei Ankerpunkten zeichnen. Beim Anklicken des zweiten Ankerpunkts die Umschalttaste zum vertikal Einschränken gedrückt halten.

Übung Hosenskizze 75

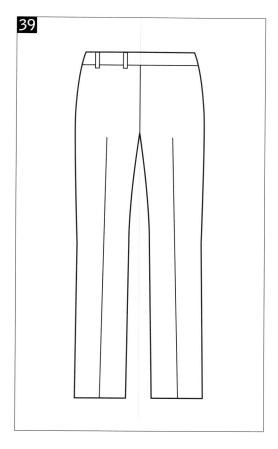 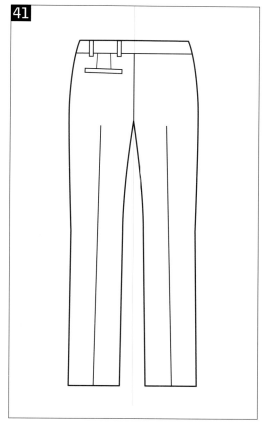 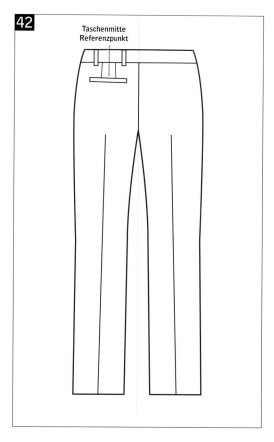

37 Die aus der Vorderansicht kopierte Gürtelschlaufe sitzt jetzt unter dem Bundsegment. Um sie wieder nach oben zu bringen, wählen Sie **Menü>Objekt>Anordnen>Nach vorne bringen** (Befehl+ Umschalttaste+J oder Strg+Umschalttaste+J für PC).

38 Verschieben Sie das Rechteck an die richtige Position. Drehen Sie es mit dem Begrenzungsrahmen, damit es senkrecht auf dem hinteren Bund sitzt.

39 Klicken und die Gürtelschlaufe bei gedrückter Umschalt- und Alt-Taste in Richtung Mittellinie ziehen. Jetzt sollten zwei Schlaufen angezeigt werden – am linken Rand und an der Mittellinie.

Jetzt zeichnen Sie die Gesäßtasche mit allen Details bis auf den Knopf:

40 Zeichnen Sie die Taschenpaspel mit dem Rechteck-Werkzeug (drehen Sie den Eingriff leicht im Uhrzeigersinn).

41 Mit dem Zeichenstift-Werkzeug zwei hintere Abnäher zeichnen, jeweils mit zwei Ankerpunkten, die vom Tascheneingriff bis zum Bund reichen. Wegklicken, sobald ein Abnäher fertiggestellt ist.

42 Mit dem schwarzen Pfeil die Eingrifftasche auswählen. Klicken und eine vertikale Hilfslinie in die Mitte der Einfassung ziehen, diese am Mittelpunkt der Paspelierung ausrichten.

76　Übung Hosenskizze

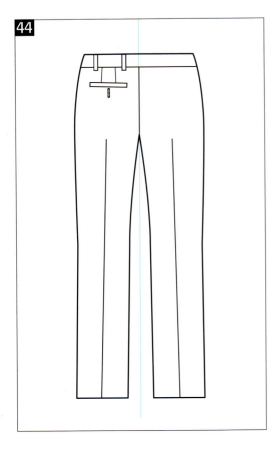

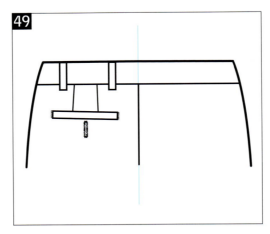

43 Mit dem Rechteck-Werkzeug durch Klicken und Ziehen auf der neuen Hilfslinie unterhalb des Eingriffs ein einfaches Knopfloch erstellen.

44 Knopfloch aktivieren und **Menü>Filter>Verzerrungsfilter>Zickzack ...** wählen, dabei die Vorschau anklicken. Die Zacken haben eine Größe von 5 %, sind relativ und glatt und haben 30 Wellen pro Segment. Die Kontur sollte abgerundete Linienenden und -ecken haben.

45 Mit dem weißen Pfeil die seitlichen Segmente beider Paspeln auswählen (zur Auswahl mehrerer Objekte die Umschalttaste verwenden).

46 Die Segmente kopieren (Befehl+C oder **Menü>Bearbeiten>Kopieren**).

47 Fügen Sie sie davor ein (Befehl+F oder **Menü>Bearbeiten>Davor einfügen**).

48 Um beide Segmente in gesteppte Riegel zu verwandeln, **Menü>Filter>Verzerrungsfilter>Zickzack ...** wählen und Vorschau aktivieren. Die Zacken in der Abbildung haben eine Größe von 5 %, sind relativ und glatt und haben 14 Wellen pro Segment. Die Kontur sollte abgerundete Linienenden und -ecken haben.

49 Die Paspelierung der Tasche verdeckt beide Riegel. Diese mit den Pfeiltasten nach links und rechts verschieben und mit einer Kontur von 0,5 pt versehen.

■ Tipp

Nachdem Sie das Rechteck des Knopflochs erstellt hatten, mussten Sie es vertikal an der Mittellinie ausrichten. Schneller geht es, wenn Sie die Alt-Taste drücken, bevor Sie klicken und ziehen. Das Rechteck entsteht dann aus dem Mittelpunkt heraus.

Wenn Sie ein Rechteck klicken und ziehen, entsteht es von der Seite her.

Wenn Sie beim Klicken und Ziehen die Alt-Taste gedrückt halten, entsteht es aus dem Mittelpunkt.

So erstellen Sie einen Vierlochknopf:

50 Wählen Sie das Ellipsen-Werkzeug. Den Zeiger zu einer Stelle in der Nähe des Knopflochs (aber nicht darauf) bewegen. Klicken und ziehen Sie bei gedrückter Umschalttaste, um auf einen Kreis einzuschränken.

51 Maus und dann Umschalttaste loslassen, wenn der Kreis im Verhältnis zu Tasche und Knopfloch passt.

52 Nun den Zeiger bei ausgewähltem Ellipsen-Werkzeug auf den Mittelpunkt des ersten Kreises bewegen. Die Alt-Taste drücken, um den Kreis vom Mittelpunkt aus zu erstellen. Einen etwas kleineren zweiten Kreis durch Klicken und Ziehen erstellen (die Umschalttaste zum Einschränken drücken!).

53 Die Maustaste und dann die Alt- und Umschalttaste loslassen.

54 Erstellen Sie einen kleinen Kreis im Knopf, dessen Konturstärke nicht größer als 0,10 pt ist.

55 Mit dem schwarzen Pfeil auf den kleine Kreis klicken und bei gedrückter Alt- und Umschalttaste nach rechts ziehen.

56 Beide kleinen Kreise auswählen und noch einmal duplizieren.

57 Mit dem schwarzen Pfeil die vier kleinen Kreise auswählen und gruppieren: **Menü>Objekt>Gruppieren** (oder Befehl+G oder Strg+G für PC).

58 Mit dem schwarzen Pfeil die vier Löcher und die beiden äußeren Kreise wählen. Klicken Sie in der Ausrichtenpalette unter **Objekte ausrichten**: das Symbol **Vertikal zentriert ausrichten** und **Horizontal zentriert ausrichten**.

59 Den ganzen Knopf gruppieren (Befehl+G) und an die richtige Position verschieben.

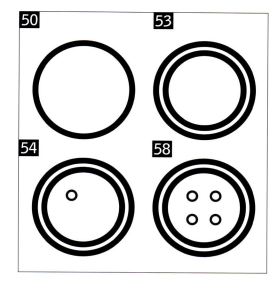

Jetzt können Sie die gesamte Tasche und die Abnäher auf die rechte Seite spiegeln und duplizieren. Wenn die Hose nur eine Tasche haben soll, spiegeln Sie die Tasche, ohne sie zu duplizieren (eine einzelne Tasche sitzt in der Regel auf der rechten Hosenhälfte).

Vorder- und Rückansicht der Hose sind fertig. In dieser Phase sollten Sie Mängel oder Designdetails überarbeiten, z. B.:

60 Hinten sitzt der Schritt in der Regel tiefer als vorn. Heben Sie die Fixierung der Formebene auf und führen Sie eine Bereichsauswahl des Schritts und der Mittellinie aus. Verschieben Sie sie mit den Pfeiltasten.

61 Überprüfen Sie alle Konturenstärken; Sie könnten die äußere Kontur dicker (2 pt) und andere Linien dünner machen.

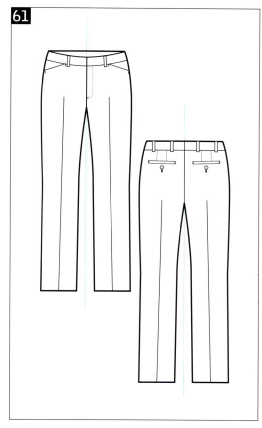

■ Tipp

Um noch schneller zu arbeiten, können Sie Tastaturbefehle zur Auswahl der verschiedenen Werkzeuge benutzen. Dadurch sparen Sie sich einige Mausbewegungen. Die Tastaturbefehle für die Werkzeuge bestehen in der Regel aus dem Anfangsbuchstaben eines Werkzeugs – der Tastaturbefehl für das Text-Werkzeug z. B. ist T. Ab jetzt werden die Tastaturbefehle für die Werkzeuge in den Übungen genannt, damit Sie sich die Befehle einprägen können.

Kapitel 8
Übung Blusenskizze

Wir haben jetzt drei Skizzen von Grund auf neu erstellt. Die nächste Form ist eine klassische Damenbluse. Bei Bedarf können Sie den Entwurf problemlos zu einem Herrenhemd umgestalten. In dieser Übung lernen Sie unter anderem, wie man mithilfe der Konturlinientechnik Stichnähte mit parallelen Kurven zeichnet und gefaltete Ärmel konstruiert. Wie bei den anderen Übungen beginnen wir damit, die Form zu zeichnen.

Form zeichnen

Blusen werden in der Regel mit gefalteten Armen entworfen, da sie meist eine leichte Ärmelkurve haben, was dazu führt, dass der Ärmel in einem Winkel aus der Armkugel kommt, der fast parallel zum Schultersaum ist. Wenn der Ärmel nicht gefaltet ist, führt das zu einer Blusenform, die viel Platz in der Breite einnimmt. Die vordere halbe Form wird so gezeichnet, dass sie ohne jede Veränderung als Rückansicht verwendet werden kann:

1. In einem neuen Dokument eine vertikale Hilfslinie in die Mitte der A4-Seite ziehen, die als Mittellinie dient. Nennen Sie die erste Ebene „Form".

2. (Optional) Eine neue Ebene namens „Dummy" anlegen und den Dummy darauf platzieren. Die Dummy-Ebene liegt unter der Formebene und ist fixiert.

3. Mit dem Zeichenstift-Werkzeug (P) die halbe Form mit 13 Ankerpunkten zeichnen: Kragen Mittellinie, Kragen seitlich, Hals seitlich, Schulterkante, Ärmel oben, Ärmelfalte, Manschette außen, Manschette innen, Ärmelfalte innen, Unterarm, Taille, Hüfte und Saum Mittellinie. Wegklicken.

4. Die folgenden Ankerpunkte sollten Kurven haben: Hüfte und Saum Mittellinie. Alle anderen Ankerpunkte haben gerade Segmente.

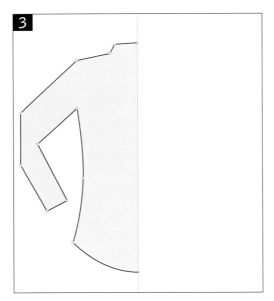

5. Falls erforderlich, die Form mit dem weißen Pfeil (A) bearbeiten.

6. Die Form mit schwarzem Pfeil (V) oder dem Befehl **Alles auswählen** aktivieren.

7. Das Spiegeln-Werkzeug (O) wählen. Verschieben Sie das Ziel für die Spiegelung auf die Mittellinie und spiegeln Sie die Form bei gedrückter Alt- und Umschalttaste.

8. Erst die Maus, dann die Alt- und Umschalttaste loslassen.

9. Mit dem weißen Pfeil (A) eine Bereichsauswahl der beiden Kragenendpunkte auf der Mittellinie erstellen (klicken und Rahmen darüberziehen).

10. Den Durchschnitt (Befehl+Alt+J) berechnen, beide Ankerpunkte zusammenfügen (Befehl+J). Für die beiden anderen Endpunkte wiederholen.

11. Die Form sollte nun ein Objekt sein.

12. Die Form mit dem schwarzen Pfeil (V) auswählen und via Begrenzungsrahmen bei Bedarf die Proportionen ändern.

■ Tipp

Wenn Sie in Illustrator ein neues Dokument erstellen und eine Form zeichnen, ist sie standardmäßig mit Weiß gefüllt und hat eine schwarze Kontur. Da Illustrator aber einen weißen Hintergrund verwendet, können Sie den Hintergrund nicht von einer weißen oder transparenten Füllung unterscheiden (wie in den Grundlagen Übung 5 erklärt). Bei der Erstellung von Zeichnungen legen Sie eine Form- und eine Detailebene an. Wenn Sie Details zeichnen, sind diese zu Beginn häufig offene Formen, die Illustrator standardmäßig mit Weiß füllt. Das kann problematisch werden, da die weiße Füllung unter Umständen die Form oder andere Details verdeckt. Da jedes erstellte Objekt eine weiße Füllung hat, können Sie auch nicht sehen, warum einige Objekte plötzlich verschwinden. Meine Schüler fragen mich immer wieder: „Warum ist das Detail plötzlich weg?" Das Problem umgehen Sie am besten, indem Sie die Form mit einer hellen, dezenten Farbe füllen, z. B. Lichtgrau. Dann sehen Sie, ob die Details eine weiße Füllung haben.

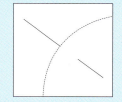 

Offenes Segmentdetail mit weißer Füllung, gesehen bei zwei unterschiedlichen Hintergrundfarben.

Details zeichnen

Für diese klassische Bluse zeichnen Sie Standarddetails. Sie können aber gern mit kreativeren Details experimentieren. Fangen wir mit dem wichtigsten Detail einer klassischen Bluse an – dem Kragen.

Für die Steppnaht des Kragens verwenden Sie jetzt zum ersten Mal die Konturlinientechnik für eine parallele Kurvenlinie:

13. Eine neue Ebene mit dem Namen „Details" erstellen und fixieren.

14. Mit dem Zeichenstift-Werkzeug (P) den linken Kragen mit fünf Ankerpunkten zeichnen: Kragen seitlich, dann Kragen Mittellinie (mit einer Bézierkurve), Kragenspitze, dann Formkurve des Kragens und dem Punkt für den seitlichen Hals (Bézierkurve). Wegklicken.

15. Der Kragen darf keine Füllfarbe haben. Mit dem weißen Pfeil (A) klicken und den Auswahlrahmen über folgende Ankerpunkte ziehen: Kragenspitze und Kragenformkurve (Sie können auch eine Direktauswahl über das Lasso-Werkzeug durchführen).

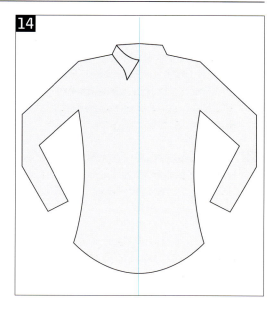

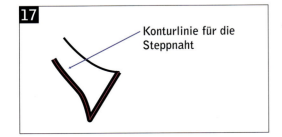

Konturlinie für die Steppnaht

Nach dem Befehl **Konturlinie** verläuft der Pfad um die ursprüngliche Kontur herum

16 Kopieren Sie die ausgewählten Ankerpunkte und fügen Sie sie davor ein (Befehl+C und Befehl+F).

17 In der Konturpalette die Konturstärke auf 3 pt ändern. Der äußere Rand der Kontur wird zur Steppnaht. Falls erforderlich, die Konturstärke ändern, damit die Naht näher am Kragenrand sitzt bzw. etwas davon wegrutscht.

18 Nun Menü>Objekt>Pfad>Konturlinie wählen. Der Pfad verläuft jetzt um die ursprüngliche Kontur herum und wird zur Steppnahtlinie.

19 Klicken Sie in der Werkzeugpalette auf den Pfeil **Fläche und Kontur vertauschen** (rechts oben über den Feldern **Kontur** und **Fläche**).

20 Wählen Sie den weißen Pfeil (A) oder das Lasso (Q) und wählen Sie damit die Ankerpunkte aus, die Sie für die Steppnaht nicht brauchen. Drücken Sie die Rücktaste, um die Punkte zu löschen.

21 Sie sollten jetzt nur noch eine Segmentlinie haben, die parallel zur Kragenform verläuft. Eventuell müssen die Endankerpunkte der Linie auf die Kragenränder verschoben werden.

22 In der Konturpalette das Feld **Gestrichelte Linie** aktivieren. Dann die üblichen Attribute für eine Steppnaht auswählen (in diesem Fall 1 pt für **Strich** und **Lücke**, eine Konturstärke von 0,25 pt und abgerundete Linienenden und Linienecken).

Der Kragen ist jetzt fertig. Den Steg erstellen wir später.

Jetzt kommen die Manschettendetails:

Ihnen ist vielleicht aufgefallen, dass der Ärmel recht kurz aussieht. Das liegt daran, dass wir die Manschette getrennt vom Ärmel erstellen, da sie sich so einfacher zeichnen lässt als im Winkel.

23 Klicken und ziehen Sie an einer freien Stelle der A4-Seite mit dem Rechteck-Werkzeug die Form einer Manschette, die von den Proportionen her zum Ärmelsaum passt.

24 Mit dem Zeichenstift-Werkzeug (P) die Manschettenöffnung mit drei Ankerpunkten zeichnen.

25 Mit dem schwarzen Pfeil (V) die Manschettenöffnung auswählen. Kopieren und davor einfügen (Befehl+C und Befehl+F). Die kopierte Manschettenöffnung darf keine Füllfarbe haben!

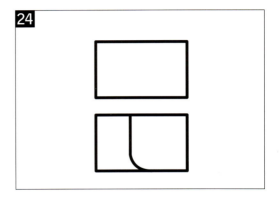

26 Die Konturstärke auf 3 pt ändern. Der äußere Rand der Kontur wird zur Steppnaht der Manschettenöffnung. Bei Bedarf die Konturstärke ändern.

27 Mit **Menü>Objekt>Pfad>Konturlinie** wird der Pfad zur Steppnahtlinie.

28 In der Werkzeugpalette auf den Pfeil **Fläche und Kontur vertauschen** klicken.

29 Mit dem weißen Pfeil (A) die nicht mehr gebrauchten Ankerpunkte auswählen. Mit der Rücktaste die Punkte löschen.

30 In der Konturpalette das Feld **Gestrichelte Linie** aktivieren. Dann die üblichen Attribute für eine Steppnaht auswählen: 1 pt für Strich und Lücke, Konturstärke von 0,25 pt und abgerundete Linienenden und -ecken.

31 Mit dem Zeichenstift-Werkzeug auf den am weitesten rechts liegenden Ankerpunkt der Kontur klicken und am rech-

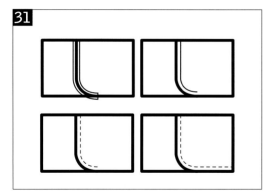

ten Rand der Manschette einen zweiten Ankerpunkt erstellen (Umschalttaste für Einschränkung!). Wegklicken.

32 Eine Linie mit zwei Ankerpunkten vom linken Rand der Manschette bis zur Steppnahtlinie der Öffnung zeichnen (Umschalttaste zum Einschränken!). Wegklicken. Das neue Segment soll an der horizontalen Steppnaht ausgerichtet sein, bei Bedarf verschieben.

33 Die Steppnaht des oberen Manschettenrands mit zwei Ankerpunkten zeichnen (Umschalttaste für Einschränkung auf eine gerade Linie gedrückt halten).

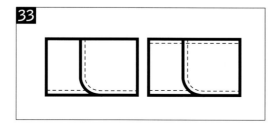

Jetzt fehlt noch ein Vierlochknopf auf der Manschette. Anstatt den Knopf völlig neu zu zeichnen, verwenden Sie den Knopf aus der Hosenübung:

34 Öffnen Sie die Datei der Hosenübung und wählen Sie mit dem schwarzen Pfeil den Knopf und das Knopfloch aus (zur Auswahl mehrerer Objekte Umschalttaste gedrückt halten).

35 Knopf und Knopfloch kopieren (Befehl+C).

36 Gehen Sie zurück zur Blusendatei (mit Befehl+- oder Strg+- wechseln Sie schnell von einer Datei zur anderen).

37 Vergewissern Sie sich, dass Sie in der Detailebene sind, und fügen Sie Knopf und Knopfloch ein (Befehl+V).

38 Eventuell den Knopf drehen und skalieren, damit er zur Manschette passt.

39 Die Manschettenform auswählen und mit Grau füllen. Dabei darauf achten, dass die Details darin keine Füllfarbe haben.

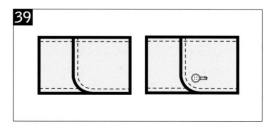

Zeichnen Sie den Manschettenschlitz. So geht es ganz schnell:

40 Das Rechteck-Werkzeug (M) auf dem oberen Manschettenrand, der an der Manschettenöffnung ausgerichtet ist, positionieren. Klicken und ziehen, um ein Rechteck zu erstellen.

41 Durch **Menü>Objekt>Pfad>Ankerpunkte hinzufügen** werden in regelmäßigen Abständen automatisch Ankerpunkte hinzugefügt. Wegklicken.

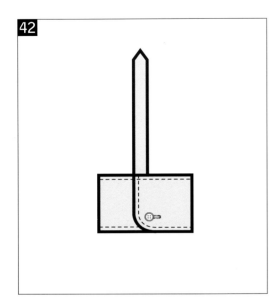
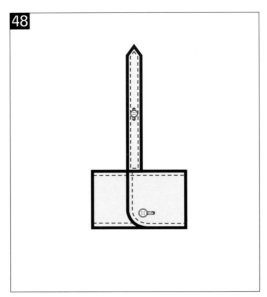
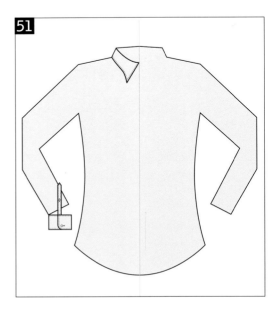

42 Mit dem weißen Pfeil den Ankerpunkt in der Mitte des obersten Rands auswählen und mit der Pfeiltaste nach oben verschieben.

43 Mit dem schwarzen Pfeil den Schlitz auswählen, kopieren und davor einfügen (Befehl+C und Befehl+F).

44 In der Konturpalette eine Konturstärke von 2 pt für den kopierten Schlitz festlegen.

45 Wählen Sie **Menü>Objekt>Pfad> Konturlinie**.

46 Hier die Pipette (I) wählen. Damit auf eine Steppnaht der Manschette klicken, um aus der Konturlinie die gleiche Steppnaht zu machen.

47 Mit dem weißen Pfeil die überflüssigen Ankerpunkte wählen und löschen.

48 Den Manschettenknopf auswählen, kopieren und einfügen. Den neuen Knopf ins Zentrum des Schlitzes verschieben (ggf. Größe anpassen und drehen).

Manschette und Schlitz sind fertig. Jetzt sollten Sie **die Manschette gruppieren und kopieren**. Da die Manschette in die richtige Position gedreht wird, sollten Sie die ursprüngliche Manschette gerade lassen, damit Sie sie wiederverwenden, bearbeiten oder in einer Besatz-Bibliothek speichern können.

49 Mit dem schwarzen Pfeil eine Bereichsauswahl von Manschette und Schlitz mit allen Elementen ausführen.

50 Diese zum Blusenärmel verschieben und mit der Alt-Taste duplizieren.

51 Bringen Sie Manschette und Schlitz in die auf der Abbildung gezeigte Position.

52 Die Maustaste loslassen, wenn die Manschette richtig sitzt.

53 Mit dem Drehen-Werkzeug (R) die Manschette drehen. Das Ziel der Drehung an die Stelle platzieren, an der der Manschettenrand den Ärmelsaum berührt.

54 Die Manschette so drehen, dass sie in den Ärmelsaum passt.

55 Mit dem weißen Pfeil die Manschettenränder ggf. so korrigieren, damit sie an die seitlichen Ärmelkanten passen.

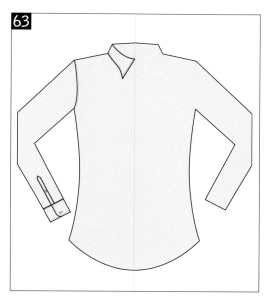

Das nächste Detail auf der Vorderseite ist das Armloch:

56 Vergewissern Sie sich, dass Sie in der Detailebene sind.

57 Mit dem Zeichenstift-Werkzeug (P) die Kurve des Armlochs mit zwei Ankerpunkten zeichnen. Wegklicken.

58 Mit dem schwarzen Pfeil (V) die Kurve auswählen. Die Kurve kopieren und davor einfügen.

59 In der Konturpalette die Konturstärke auf 2 pt oder 3 pt vergrößern.

60 Wählen Sie **Menü>Objekt>Pfad> Konturlinie**.

61 Das Pipette-Werkzeug (I) wählen und auf die Steppnaht des Kragens klicken.

62 Mit dem weißen Pfeil (A) überflüssige Ankerpunkte auswählen und mit der Rücktaste löschen.

63 Das Armloch und die Steppnaht dürfen keine Füllfarbe haben!

So zeichnen Sie die Ärmelfalte:

64 Mit dem Zeichenstift-Werkzeug (P) auf die innere Ärmelfalte klicken, um den ersten Ankerpunkt zu setzen.

65 Den zweiten Ankerpunkt mit einer Linie als Verlängerung des unteren Ärmelsegments platzieren.

66 Die Falte durch einen dritten Ankerpunkt mit einer Kurve vervollständigen. Wegklicken.

67 Achten Sie darauf, dass die Ärmelfalte keine Füllfarbe hat.

Zeichnen Sie die Steppnaht am Saum und die vorderen Abnäher:

68 Die Fixierung der Formebene aufheben und diese aktivieren. Mit dem linken Pfeil das linke Saumsegment durch Anklicken auswählen.

69 Das Segment kopieren (Befehl+C). Fixieren Sie die Formebene und wählen Sie die Detailebene aus. Die Option **Ebenen beim Einfügen merken** in der Ebenenpalette muss deaktiviert sein.

84 Übung Blusenskizze

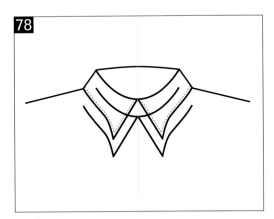

70 Nun das Segment davor einfügen (Befehl+F) und in der Konturpalette eine Konturstärke von 6 pt und hervorstehende Linienenden dafür festlegen.

71 Wählen Sie **Menü>Objekt>Pfad>Konturlinie**.

72 Mit dem Pipette-Werkzeug (I) auf die Steppnaht der Manschette klicken.

73 Mit dem weißen Pfeil (A) die überflüssigen Ankerpunkte auswählen und mit der Rücktaste löschen.

74 Mit dem Zeichenstift-Werkzeug den vorderen Abnäher mit drei Ankerpunkten zeichnen.

Jetzt können Sie alle Details spiegeln:

75 Die Formebene muss fixiert sein. Den schwarzen Pfeil auswählen, klicken und über alle Details ziehen.

76 Mit dem Spiegeln-Werkzeug (O) die Details bei gedrückter Alt- und Umschalttaste spiegeln. Zuletzt die Maustaste loslassen.

Den Kragensteg zeichnen Sie mithilfe der Kragenfalte, die zum Ausschnitt wird:

77 Mit dem schwarzen Pfeil den linken und den rechten Kragen auswählen.

78 An die Stelle klicken und ziehen, an der der Ausschnitt sitzen soll (Umschalt- und Alt-Taste gedrückt halten, um einzuschränken und zu duplizieren!).

79 Mit dem Schere-Werkzeug (C) auf beide duplizierte Faltenlinien an der Stelle klicken, an der diese mit dem ursprünglichen Kragen verbunden sind. Das zerschneidet beide Segmente in zwei getrennte Teile.

80 Mit dem weißen Pfeil (A) die beiden Segmente innerhalb des Kragens auswählen und mit der Rücktaste löschen.

81 Wählen Sie mit dem Lasso (Q) alle überflüssigen Ankerpunkte auf beiden Seiten des duplizierten Kragens aus. Löschen Sie sie mit der Rücktaste.

Übung Blusenskizze

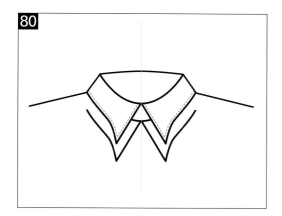

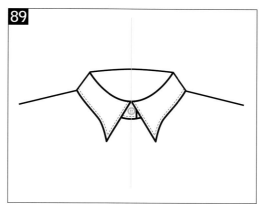

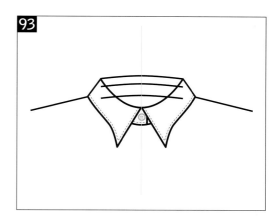

82 Das verbliebene Segment ist der Ausschnitt an der Mittellinie, für dessen Ankerpunkte der Durchschnitt berechnet werden muss (Befehl+Alt+J). Ankerpunkte zusammenfügen (Befehl+J).

83 Mit dem schwarzen Pfeil (V) den erstellten Ausschnitt auswählen, kopieren und davor einfügen.

84 Dem kopierten Segment eine Konturstärke von 3 pt geben.

85 Wählen Sie Menü>Objekt>Pfad>Konturlinie.

86 Mit dem Pipette-Werkzeug (I) auf die Steppnaht des Kragens klicken.

87 Mit dem weißen Pfeil (A) überflüssige Ankerpunkte auswählen und mit der Rücktaste löschen.

88 Kopieren Sie den Knopf von der Manschette und verschieben Sie ihn zum Ausschnitt an der Mittellinie. Bei Bedarf die Knopfgröße ändern. Der Knopf befindet sich in der Manschettengruppe. Um ihn kopieren zu können, in die Pfadansicht gehen (Befehl+Y), den Knopf mit dem Lasso (Q) auswählen und kopieren. Dann einfügen.

89 Mit dem Zeichenstift-Werkzeug eine gerade Linie mit zwei Ankerpunkten an der Stelle zeichnen, an der die Kragenöffnung sein soll.

Um den Kragensteg fertigzustellen, müssen Sie noch den Hals innen zeichnen:

90 Die Formebene entriegeln und aktivieren. Mit dem weißen Pfeil den Hals-Ankerpunkt an der Mittellinie anklicken.

91 Kopieren. Die Formebene verriegeln und die Detailebene auswählen. Die Option Ebenen beim Einfügen merken in der Ebenenpalette muss deaktiviert sein.

92 Den Hals davor einfügen (Befehl+F) und mit dem schwarzen Pfeil (V) nach unten an die Stelle verschieben, an der der obere Rand des Stegs sitzen soll (Umschalt- und Alt-Taste zum Einschränken und Duplizieren drücken!).

93 Diese Aktion wiederholen, um den unteren Rand des Stegs zu platzieren.

94 Mit dem Schere-Werkzeug (C) die überflüssigen Segmente auf den beiden gerade erstellten Linien wegschneiden.

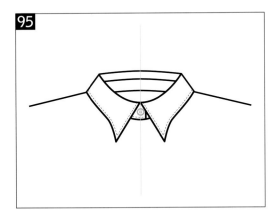

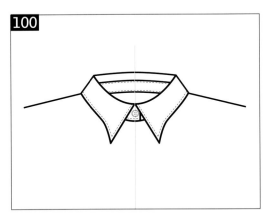

95 Mit dem weißen Pfeil die überflüssigen Segmente auswählen und mit der Rücktaste löschen. (Achten Sie darauf, dass Sie die Rücktaste zweimal drücken, um die Segmente und dann die einzelnen Ankerpunkte zu löschen.)

96 Mit dem schwarzen Pfeil die beiden Segmente auswählen. Die Segmente kopieren und davor einfügen.

97 Den Segmenten über die Konturpalette eine Konturstärke von 0,25 pt geben.

98 Wählen Sie **Menü>Objekt>Pfad> Konturlinie**.

99 Mit dem Pipette-Werkzeug (I) auf die Steppnaht des Kragens klicken, um sie zu kopieren.

100 Mit dem weißen Pfeil (A) die überflüssigen Ankerpunkte auswählen und mit der Rücktaste löschen.

Die Vorderansicht ist fertig, wenn Sie den Knopfsteg gezeichnet haben:

101 Mit Rechteck-Werkzeug (M) die Form des Knopfstegs erstellen. Darauf achten, dass es an der Öffnung des Kragenstegs ausgerichtet ist (Alt-Taste drücken, damit das Rechteck aus dem Mittelpunkt heraus entsteht). Dem Kragensteg die gleiche Füllfarbe wie der Form geben (mit der Pipette).

102 Den Knopfsteg kopieren und vor dem Kragensteg einfügen. Die Konturstärke 2 pt und keine Füllfarbe wählen.

103 Wählen Sie **Menü>Objekt>Pfad> Konturlinie**.

104 Mit dem Pipette-Werkzeug (I) auf die Steppnaht des Kragens klicken, um sie zu kopieren.

105 Mit dem weißen Pfeil (A) überflüssige Ankerpunkte auswählen und löschen.

Fügen Sie die Knöpfe vorn hinzu:

106 Mit dem schwarzen Pfeil (V) den Knopf auf dem Kragensteg auswählen und nach vorn bringen mit **Menü>Objekt>Anordnen>Nach vorne bringen** (oder Befehl+Umschalttaste+]).

107 Klicken und nach unten in Richtung des Knopfstegs ziehen (Umschalttaste und Alt-Taste nicht vergessen!).

108 Mit Befehl+D wird ein neuer Knopf unter dem letzten mit genau dem gleichen Abstand erstellt.

109 Wiederholen Sie das, bis die Knöpfe den Saum erreicht haben oder Sie genügend Knöpfe für Ihren Entwurf haben.

110 Wenn Sie den Abstand zwischen den Knöpfen verändern möchten, verschieben Sie den letzten Knopf einfach näher zu dem darüber (Sie können beliebig nahe herangehen). Wählen Sie alle Knöpfe aus und gehen Sie dann in die Ausrichtenpalette. Wählen Sie im Pop-up-Menü der Palette **Optionen einblenden** und klicken Sie unter **Abstand verteilen** auf **Vertikal verteilen: Abstand**.

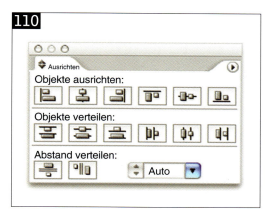

Die Rückansicht

Duplizieren Sie zunächst die Vorderansicht und alle Details:

1 Die Fixierung der Formebene aufheben und alle Formen und Details auswählen (Befehl+A).

2 Mit dem schwarzen Pfeil (V) klicken und die Bluse nach unten rechts ziehen. Alt-Taste zum Duplizieren und die Umschalttaste, um auf einen 45-Grad-Winkel einzuschränken, drücken.

3 Eine vertikale Hilfslinie ziehen.

4 Die Formebene fixieren.

5 Mit dem schwarzen Pfeil (V) Knopfsteg, Knöpfe, beide Seiten des Kragens und den oberen Rand des Kragenstegs auswählen. Die Details löschen.

6 Mit dem weißen Pfeil (A) die beiden Ankerpunkte auf dem linken Rand des hinteren Ausschnitts auswählen und an den äußeren Rand der Kragenform ziehen; bei der rechten Seite wiederholen. Aus dem hinteren Ausschnitt wird dann der hintere Kragen.

7 Mit dem schwarzen Pfeil (V) die linke Ärmelfalte auswählen. Dann über das Spiegeln-Werkzeug (O) das Ziel für die

88 Übung Blusenskizze

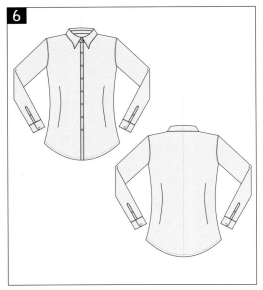

Spiegelung auf den Ankerpunkt verschieben, bis es die Innenseite der Ärmelfalte berührt. Die Form spiegeln, ohne sie zu kopieren, bis sie zur Rückseite der Ärmelfalte passt.

8   Das Faltendetail kürzen, bis es in den Ärmel passt.

9   Auf der rechten Seite das Faltendetail des rechten Ärmels löschen sowie das linke spiegeln und duplizieren.

10 Jetzt die überflüssigen Elemente der Manschette (Manschettenöffnung, Knopf und Schlitz) löschen. Dazu den weißen Pfeil und die Rücktaste verwenden. Nach dem Löschen der Manschettenöffnung müssen Sie die Steppnaht am Manschettensaum verlängern.

11 Zuletzt die bearbeitete Manschette auf die rechte Seite spiegeln.

Die Bluse ist fertig! Sie können weitere Details hinzufügen und eventuell die Konturlinie verstärken. Wenn Sie die Manschettenkontur verstärken möchten, müssen Sie dazu die Gruppierung der Manschette aufheben (Befehl+Umschalttaste+G).

Kapitel 9
Übung Jackenskizze

Die Jacke, die wir in dieser Übung erstellen, ist ein klassisches Anzugsakko. Da dies unsere fünfte technische Zeichnung ist und ein Anzugsakko einer Bluse vom Schnitt her sehr ähnlich ist, werden die einzelnen Schritte sehr knapp beschrieben. Detaillierte Anweisungen gibt es nur, wenn Sie etwas Neues lernen. In diesem Kapitel lernen Sie, wie man den Kragen eines Anzugsakkos zeichnet, die Details des Innenfutters darstellt, abgerundete Taschenklappen erstellt und ein Augenknopfloch mit Rundriegel skizziert.

Bei einem Anzugsakko, das auf einem Kleiderbügel hängt oder flach auf dem Bett liegt, liegen die Ärmel in der Regel seitlich an. Bei unserer Zeichnung müssen wir daher ein wenig tricksen und die Ärmel leicht nach außen biegen, damit man die Form des Sakkos erkennt.

Form zeichnen

Die Form eines Sakkos in einem Rutsch zu zeichnen, ist sehr schwierig. Sie brauchen eventuell mehrere Anläufe, bis alles stimmt. Am besten zeichnen Sie eine Form und machen daraus eine Hilfslinie (siehe unten). Dazu wählen Sie die Form mit dem schwarzen Pfeil aus und drücken dann Befehl+5 oder wählen **Menü>Ansicht>Hilfslinien>Hilfslinien erstellen**. So fällt es Ihnen leichter, eine zweite Form zu zeichnen. Folgen Sie dabei der Hilfslinie oder erstellen Sie neue Linien an der Stelle, an der es beim ersten Entwurf Probleme gab. Sie können auch den Dummy verwenden, damit die Proportionen stimmen.

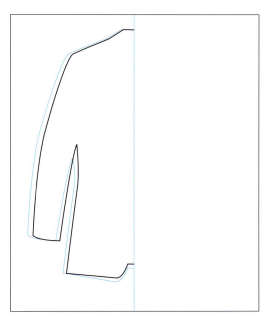

Form in Hilfslinie verwandeln

1. Ein neues Dokument erstellen (A4, Hochformat). Aus dem Lineal eine Hilfslinie für die Seitenmitte ziehen. Die Ebene „Form" nennen.

2. Ausgehend von der Mittellinie mit dem Zeichenstift-Werkzeug (P), eine halbe Form mit 13 Ankerpunkten zeichnen: Kragen Mittellinie, Hals seitlich, Kragen seitlich, Schulter, Ellbogen, Manschette außen, Manschette innen, Unterarm, Taille, Saum seitlich, Saumkurve und Saum Mittellinie.

3. Folgende Ankerpunkte sollten eine Bézierkurve haben: Ellbogen, Manschette außen, Manschette innen, Unterarm, Taille, Saum seitlich und Saumkurve.

4 Die Form bei Bedarf mit dem weißen Pfeil (A) korrigieren (oder die beschriebene Hilfslinientechnik verwenden).

5 Die gesamte Form mit dem schwarzen Pfeil (V) auswählen.

6 Mit dem Spiegeln-Werkzeug (O) das Ziel für die Spiegelung auf die Mittellinie verschieben und die Form spiegeln.

7 Mit Alt- und Umschalttaste duplizieren und einschränken.

8 Mit dem weißen Pfeil (A) die beiden Endankerpunkte am Kragen Mittellinie auswählen.

9 Nun den Durchschnitt (Befehl+Alt+J) für die beiden Endankerpunkte berechnen und diese dann zusammenfügen (Befehl+J). Diese Aktion für die beiden anderen Endankerpunkte (Saum Mittellinie) wiederholen.

10 Ihre Form ist jetzt ein einzelnes Objekt.

11 Mit dem schwarzen Pfeil (V) die Form auswählen und die Proportionen bei Bedarf über den Begrenzungsrahmen verändern.

12 Mit dem weißen Pfeil den Ankerpunkt für den Kragen Mittellinie auswählen und mit dem Ankerpunkt-konvertieren-Werkzeug (Umschalttaste-C) eine Bézierkurve daraus machen. Dabei darauf achten, die Umschalttaste gedrückt zu halten, um die Kurve horizontal einzuschränken.

13 Zuletzt die Form mit lichtgrauer Farbe füllen.

Details zeichnen

Eines der wichtigsten Details bei einem Sakko ist die Linie, aus der Ausschnitt, Revers, Öffnung vorn und Saumform bestehen. In der Regel wird dadurch der Stil und die Art (Einreiher, Zweireiher usw.) des Sakkos bestimmt. Achten Sie darauf, dass keines der Elemente, die Sie für die Details erstellen, eine Füllfarbe hat.

Wir zeichnen zunächst die Linie für den Ausschnitt und die Öffnung vorn:

14 Die Formebene fixieren und eine neue Ebene namens „Details" erstellen. Nun den Zeichenstift (P) wählen.

15 Den ersten Ankerpunkt für den vorderen Ausschnitt oberhalb des seitlichen Ankerpunkts für den Hals platzieren. Den zweiten Ankerpunkt etwas weiter unten setzen und einen dritten an der Stelle, an der das Revers enden soll. Wichtig ist, dass dieser Ankerpunkt rechts und weit genug von der Mittellinie entfernt sitzt, um später Knöpfe einfügen zu können. Der letzte Ankerpunkt sollte genau über dem der Saumkurve in der Formebene sitzen. Wegklicken.

16 Um eine überzeugende Linie für die Öffnung zu schaffen, müssen Sie die Ankerpunkte und Kurven mit dem weißen Pfeil (A) bearbeiten.

17 Wichtig: Alle Ankerpunkte (bis auf den ersten) haben eine Bézierkurve.

Jetzt zeichnen wir Kragen und Revers:

18 Mit dem Zeichenstift-Werkzeug einen Ankerpunkt über dem seitlichen Kragen setzen. Zwei weitere Ankerpunkte darunter erstellen: einen für die Kragenspitze und einen an der Stelle, an der der Kragen auf das Revers trifft. Wegklicken.

19 Den ersten Ankerpunkt für das Revers über die Linie der Öffnung vorn platzieren, den zweiten links davon, den dritten dort setzen, wo das Revers in der Öffnung vorn verschwindet. Wegklicken.

20 Mit dem weißen Pfeil (A) Kragen und Revers korrigieren.

■ **Tipp**

Wenn Sie ein neues Segment erstellen, indem Sie einen Ankerpunkt über einem anderen Segment in derselben Ebene platzieren (wie bei Kragen und Revers), darf das andere Segment nicht ausgewählt sein – sonst wird das Zeichenstift-Werkzeug zum Ankerpunkt-hinzufügen-Werkzeug. Mit diesem Werkzeug fügen Sie dem anderen Segment einen Ankerpunkt hinzu.

Jetzt zeichnen wir die Schnittdetails (Schulter, Armloch, Abnäher und Seitenpartie):

21 Mit dem Zeichenstift-Werkzeug (P) die Schulternaht mit zwei Ankerpunkten (keine Kurve) zeichnen. Wegklicken.

22 Die Armlochkurve mit drei Ankerpunkten zeichnen, wobei der zweite und der dritte Ankerpunkt Bézierkurven haben. Darauf achten, dass die Kurve glatt in den Ärmel übergeht. Wegklicken.

23 Nun Seitenpartie entweder komplett neu mit drei Ankerpunkten zeichnen oder das seitliche Segment der Form kopieren und davor einfügen (nur den Ankerpunkt der Taille auswählen und darauf zu achten, dass **Ebenen beim Einfügen merken** deaktiviert ist). Wegklicken.

24 Den vorderen Abnäher mit zwei oder drei Ankerpunkten zeichnen.

Als Nächstes zeichnen Sie die **Tasche vorn**, eine klassische doppelt paspelierte Tasche mit

Rechteck-Werkzeug   Messer-Werkzeug

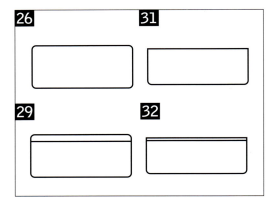

einer Klappe mit abgerundeten Ecken. Abgerundete Ecken zeichnen Sie mit Abgerundetes-Rechteck-Werkzeug. Die Tasche braucht nur zwei abgerundete Ecken am unteren Rand. Die anderen Ecken runden wir mit dem Messer-Werkzeug ab – das geht schneller als die Klappe neu zu zeichnen.

25 Mit dem Abgerundetes-Rechteck-Werkzeug (kein Tastaturbefehl) klicken und an einer freien Stelle neben dem Sakko ziehen, um die Taschenklappe zu erstellen, die von den Proportionen her zum Sakko passen sollte.

26 Wenn die abgerundeten Ecken zu groß oder zu klein sind, auf die Zeichenfläche klicken und ein neues abgerundetes Rechteck erstellen. Nun öffnet sich ein Dialogfeld, in dem Sie die Parameter des Rechtecks eingeben können. (Lassen Sie Breite und Höhe unverändert; Illustrator zeigt die Werte des zuvor erstellten Rechtecks an.)

27 Eventuell das erste Rechteck löschen.

28 Das Rechteck mit dem schwarzen Pfeil (V) aktivieren.

29 Wählen Sie das Messer-Werkzeug (kein Tastaturbefehl). Es ist in der Palette des Schere-Werkzeugs verborgen.

30 Das Messer außerhalb des Rechtecks links unterhalb der abgerundeten Ecke platzieren. Mit gedrückter Alt- und Umschalttaste klicken und das Messer-Werkzeug über das Rechteck ziehen (auch über den rechten Rand des Rechtecks!). Die Maus und dann die Alt- und Umschalttaste loslassen. Wegklicken.

31 Mit dem schwarzen Pfeil (V) auf den oberen Teil der Tasche klicken und mit der Rücktaste löschen.

32 Die Schritte 28 bis 29 für den Tascheneingriff wiederholen. Mit dem schwarzen Pfeil (V) Eingriff und Klappe aktivieren und gruppieren (Befehl+G).

33 Die fertige Tasche nun anklicken und bei gedrückter Alt-Taste (zum Duplizieren) an die gewünschte Position ziehen.

34 Die Tasche mit dem schwarzen Pfeil und, falls erforderlich, mit dem Begrenzungsrahmen drehen und skalieren. Die Tasche mit dem gleichen Lichtgrau wie die Form füllen, sodass sie die Kurve der Seitenpartie verdeckt.

Jetzt können Sie die Details spiegeln:

35 Mit dem schwarzen Pfeil alle Details auswählen und mit dem Spiegeln-Werkzeug (O) spiegeln, dabei die Mittellinie als Ziel der Spiegelung verwenden (Alt- und Umschalttaste drücken!).

Nun muss das überlappende Segment der vorderen Öffnung gelöscht werden, in diesem Fall die linke Seite (oder die rechte Seite, wenn Sie eine Damenjacke zeichnen). Verwenden Sie dazu das Schere-Werkzeug:

36 Mit dem schwarzen Pfeil das linke Segment der vorderen Öffnung auswählen.

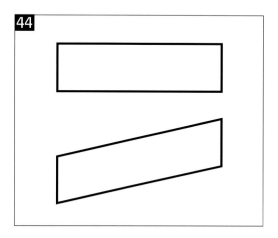

37 Mit dem Schere-Werkzeug (C) dort auf das ausgewählte Segment klicken, wo es sich mit der Mittellinie und dem Segment der rechten vorderen Öffnung überschneidet.

38 Erneut auf die Stelle klicken, an der sich das ausgewählte Segment mit der Mittellinie und dem Segment der rechten vorderen Öffnung überschneidet (an der Saumkurve).

39 Mit dem weißen Pfeil (A) die überflüssigen Segmente auswählen und löschen.

40 Mit dem schwarzen Pfeil (V) das linke Reverssegment auswählen. Mit dem Schere-Werkzeug (C) dort anklicken, wo es sich mit dem Segment der rechten vorderen Öffnung überschneidet.

41 Mit dem weißen Pfeil (A) auf das überflüssige Reverssegment klicken und mit der Rücktaste löschen.

Nun folgen die restlichen Details für die Vorderansicht, zunächst die Brusttasche:

42 Wählen Sie das Rechteck-Werkzeug (M). Klicken und ziehen Sie auf der Zeichenfläche neben dem Sakko, um die Form der Brusttasche zu erstellen.

43 Wählen Sie das Verbiegen-Werkzeug (kein Tastaturbefehl), das im Skalieren-Werkzeug verborgen ist.

44 Klicken und ziehen Sie nach oben (mit gedrückter Umschalttaste, um die Aktion vertikal einzuschränken).

45 Lassen Sie die Maustaste und dann die Umschalttaste los.

46 Mit dem schwarzen Pfeil die Tasche auf das Sakko schieben, duplizieren und bei Bedarf skalieren.

Nun zeichnen Sie den Hals an der Mittellinie:

47 Die Formebene entriegeln und auswählen. Mit dem weißen Pfeil (A) den Ankerpunkt für den Hals an der Mittellinie anklicken und kopieren.

48 Die Formebene fixieren und die Detailebene auswählen. Die Option **Ebenen beim Einfügen merken** in der Ebenenpalette muss deaktiviert sein.

49 Die Kopie einsetzen (Befehl+F) und an der richtigen Stelle positionieren.

50 Je nach vorderem Ausschnitt ist das kopierte Segment an beiden Enden eventuell zu kurz oder zu lang. Korrigieren Sie das mit dem weißen Pfeil (A), den Pfeiltasten oder der Schere (C).

Zuletzt fügen Sie die Knöpfe an der Vorderseite und an den Manschetten hinzu. Das geht am einfachsten, wenn Sie den Knopf aus der Blusenübung verwenden:

51 Die Datei der Blusenübung öffnen und Knopf samt Knopfloch auswählen.

52 Den Knopf in der Sakkodatei in die Detailebene einfügen.

53 Den Knopf auf die Manschette schieben.

54 Die Knopfgröße anpassen und bei Bedarf drehen.

55 Den Knopf nach oben verschieben und duplizieren (mit der Alt-Taste).

56 Mit Befehl+D die letzte Aktion wiederholen, bis vier Knöpfe erstellt sind.

57 Den Abstand zwischen den Knöpfen korrigieren mit der Option **Vertikal verteilen: Abstand** aus der Ausrichtenpalette (wie bei der Blusenübung). Die vier Knöpfe auf die rechte Seite spiegeln und duplizieren.

58 Mit dem schwarzen Pfeil einen Knopf auswählen und duplizieren (Alt-Taste), dann auf die Mittellinie schieben, drehen und Größe korrigieren. Den Knopf

mit Alt- und Umschalttaste duplizieren und vertikal einschränken.

Die Vorderansicht ist fertig, doch bevor wir mit der Rückansicht weitermachen, müssen Sie noch ein Detail hinzufügen. Dafür lernen Sie eine neue Technik: **Pathfinder**. Damit können Sie u. a. aus zwei Objekten eine neue Form machen. Mit Pathfinder erstellen wir jetzt ein **Augenknopfloch mit Rundriegel**:

59 Mit dem Ellipsen-Werkzeug (L) auf einer freien Stelle der Zeichenfläche einen Kreis erstellen (die Umschalttaste zum Einschränken drücken).

60 Mit dem Abgerundeten-Rechteck-Werkzeug ein Rechteck neben dem Kreis erstellen. Das Rechteck soll sich mit dem Kreis überschneiden.

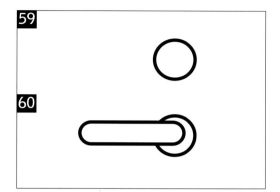

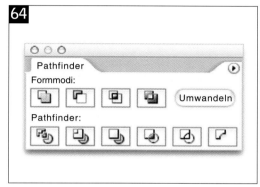

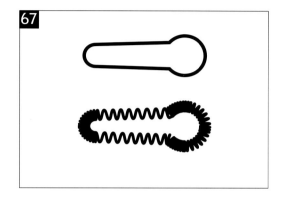

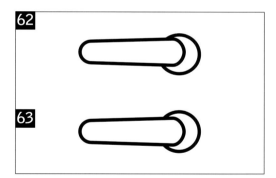

an die richtige Stelle und skalieren und drehen Sie es bei Bedarf.

Die Vorderansicht des Sakkos ist fertig.

61 Mit dem weißen Pfeil (A) den oberen rechten Ankerpunkt des Rechtecks auswählen und mit der Pfeiltaste nach oben verschieben (merken Sie sich, wie oft Sie die Pfeiltaste drücken!).

62 Die Aktion mit dem unteren rechten Ankerpunkt wiederholen. Den Ankerpunkt mit der Pfeiltaste nach unten verschieben und dabei die Taste so oft wie bei Punkt 61 drücken.

63 Mit dem schwarzen Pfeil (V) beide Objekte auswählen und mit der Ausrichtenpalette horizontal ausrichten.

64 Wählen Sie in der Pathfinder-Palette (Menü>Fenster>Pathfinder) unter Formmodi die Option **Dem Formbereich hinzufügen**.

65 Die beiden Formen sind jetzt eine Form. Sie können die beiden ursprünglichen Formen aber ändern, wenn Sie mit der neuen Form noch nicht zufrieden sind. Dazu wählen Sie eines der beiden Objekte mit dem weißen Pfeil (A) aus und bearbeiten es.

66 Um die Aktion des Pathfinder zu bestätigen, in der Pathfinder-Palette auf die Schaltfläche **Umwandeln** klicken.

67 Wenden Sie einen Zickzackfilter auf das Knopfloch an (wie bei der Blusenübung). Verschieben Sie das Knopfloch

96 Übung Jackenskizze

Rückansicht

Duplizieren Sie die Form der Vorderansicht und die Details, die wir für den Rücken brauchen:

1. Die Fixierung der Formebene aufheben und mit dem schwarzen Pfeil (V) Form, Seitenpartien und Hals auswählen.

2. Klicken und die Form samt Details nach unten rechts ziehen (Alt-Taste zum Duplizieren und Umschalttaste zum Einschränken auf 45-Grad-Winkel!).

3. Die Formebene fixieren und die Detailebene auswählen.

4. Mit dem weißen Pfeil und den Pfeiltasten die beiden Endankerpunkte der Halspartie verschieben, sodass sie bis zur Seite reichen.

5. Die Formebene entriegeln und auswählen. Ziehen Sie eine horizontale Hilfslinie auf die Höhe des Saums.

6. Mit dem schwarzen Pfeil (V) die Form auswählen.

7. Nun das Messer-Werkzeug wählen und es zur Außenseite der Rückansichtsform ziehen, genau auf die Hilfslinie. Klicken und das Messer-Werkzeug bei gedrückter Alt- und Umschalttaste nach rechts ziehen.

8. Den Zeiger nach rechts aus der Form herausbewegen, die Maus und dann die Alt- und Umschalttaste loslassen.

9. Mit dem schwarzen Pfeil den unteren Teil der Rückansicht auswählen und mit der Rücktaste löschen.

10. Die Formebene fixieren und in der Detailebene mit dem schwarzen Pfeil die Nahtlinie der Seitenpartie auswählen.

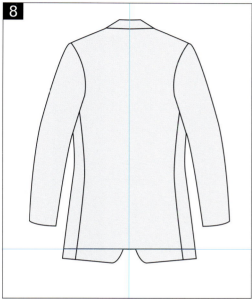

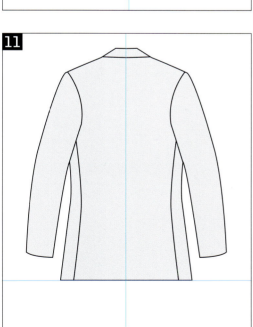

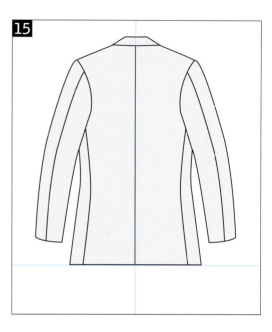

■ Tipp

Mit einigen Werkzeugen, z.B. dem Messer, müssen Sie sehr präzise arbeiten. Um einen präziseren Zeiger zu haben, drücken Sie die Feststelltaste (über der Umschalttaste). Der Zeiger für das Messer ändert sich dann so:

11 Mit dem Schere-Werkzeug (C) auf die Nahtlinie der Seitenpartie klicken, dort, wo sie sich mit der neuen Saumlinie überschneidet, um das überflüssige Segment zu löschen; mit der Nahtlinie auf der anderen Seite wiederholen.

Jetzt fügen Sie der Rückansicht die **Ellbogennaht** am Ärmel und eine **Mittelnaht mit Schlitz** im Rücken hinzu.

12 Die Formebene entriegeln, mit dem weißen Pfeil den Ankerpunkt des Ellbogens auswählen, kopieren und die Formebene fixieren. Den Punkt in der Detailebene davor einfügen. Das neue Segment mit dem schwarzen Pfeil in Richtung Ärmelmitte verschieben (mit Umschalttaste, um das Verschieben horizontal einzuschränken).

13 Mit dem Schere-Werkzeug (C) die überflüssigen Segmente abschneiden.

14 Die Ellbogennaht duplizieren und auf den rechten Ärmel spiegeln.

15 Mit dem Zeichenstift die Mittelnaht mit zwei Ankerpunkten ziehen (Umschalttaste zum Einschränken!).

Zur Darstellung des Schlitzes verwenden wir eine **Schattierungstechnik**, die angibt, wo sich der Schlitz befindet, obwohl es keine Designdetails dafür gibt:

16 Mit dem Zeichenstift-Werkzeug (P) einen Ankerpunkt auf der Mittellinie platzieren, an der Stelle, an der der Schlitz beginnen soll. Nun am Saum bei gedrückter Umschalttaste einen zweiten Ankerpunkt setzen. Einen dritten und letzten Ankerpunkt rechts von dem Saum, wenige Millimeter von der Mittelnaht entfernt, positionieren. Zuletzt wegklicken.

98 Übung Jackenskizze

17 Geben Sie dem neuen Segment keine Kontur und eine graue Füllfarbe, die etwas dunkler als das für die Form verwendete Grau ist.

Das Sakko ist jetzt fertig. Sie können weitere Details hinzufügen oder die Konturlinie verstärken.

Innenansicht

Als Abschluss dieser Übung erstellen Sie eine **Innenansicht des Sakkos**, mit der das Innenfutter und die Details auf der Innenseite dargestellt werden.

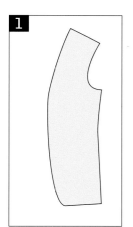 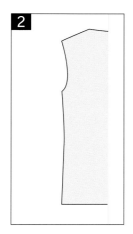 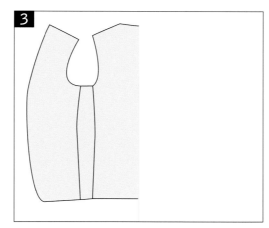

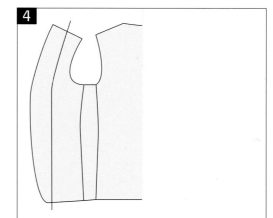

Statt jeden Schritt zu erläutern, sehen wir uns lediglich die Hauptphasen an. Kopieren Sie einfach die jeweilgen Bilder. Und denken Sie daran, dass die äußere Form einer Innenansicht nicht genau sein muss, da sie von den Fertigungsunternehmen in der Regel nur für den Schnitt des Innenfutters, Innentaschen und andere Details verwendet wird.

1 Mit der Frontansicht und einigen Details erstellen Sie die Vorderseite der Innenansicht. Einige Ankerpunkte müssen bearbeitet und Details mit den Formelementen verbunden werden.

2 Verwenden Sie die Form und einige Details der Rückansicht, um den halben Rücken der Innenansicht zu erstellen. Einige Ankerpunkte müssen bearbeitet und Details mit den Formelementen verbunden werden.

3 Die Formen der Vorderseite und des Rückens zusammenfügen.

4 Die Seitennaht der Vorderseite, über die Form hinausgehend, zeichnen. Naht und Vorderseite mit dem schwarzen Pfeil auswählen. Unter **Pathfinder** auf **Fläche aufteilen** klicken. Die Gruppierung der aufgeteilten Fläche aufheben (Befehl+Umschalttaste+G) und den Bereich links nach hinten stellen (Befehl+Umschalttaste+[).

5 Das Innenfutter mit einer anderen Farbe versehen. Die halbe Form spiegeln und ggf. Details hinzufügen.

Kapitel 10
Übung Jeansskizze

Jeans waren früher die Domäne einiger bekannter Marken, die sich ausschließlich mit der hohen Kunst der Jeansherstellung beschäftigten. Inzwischen nehmen immer mehr Labels den blauen Stoff in ihre Kollektionen auf. Heute hat jede Modekette eine eigene Jeansmarke. Während man früher die Wahl zwischen Rinse Wash oder Stone Wash und einem Gewicht zwischen 370 und 400 g hatte, verwirren heute die vielen Stoffgewichte, Waschungen, Finishes und Webtechniken. Die Trends überschlagen sich, laufend wird eine gewaltige Bandbreite an Jeansarten für den unersättlichen Verbraucher ausgespuckt.

Ein Jeans-Designer hat daher mehr Arbeit und braucht eine höhere Produktivität. Zum Glück gibt es Illustrator. In diesem Kapitel sehen wir uns einige Techniken für Jeansskizzen an. Wenn Sie die Übung beendet haben, können Sie mit Übung 15 weitermachen; dort lernen Sie, wie man Stoffarten und Wascheffekte auf einer Jeans darstellt.

Gute Jeans brauchen eine gute Form und starke Details. Jeans sind zur Alltagskleidung geworden, trotzdem kann man Jeans-Design nicht als Selbstverständlichkeit ansehen. Ultramodische Jeansmarken sind mitunter in einer schwierigen Lage, wenn sie von dynamischeren und kreativeren Unternehmen überflügelt werden. Außerdem werden die Verbraucher immer wählerischer. Für einen Designer wird es mehr und mehr zur Herausforderung, eine klassische Jeans zu entwerfen, die sich „en masse" und das auch noch jeden Monat verkauft! Versuchen wir also, den Prozess des Zeichnens einer Jeans so problemlos und schnell wie möglich zu machen.

Die Form

Sie können die Form einer Jeans entweder neu zeichnen oder die Hosenform aus Übung 7 bearbeiten. Schlüsseldetails einer Jeans wie Taschen, Besätze und Nähte sind sehr wichtig und Sie sollten ihnen besonderes Augenmerk schenken. Die Form, die wir jetzt von Grund auf neu erstellen, ist eine Damenjeans (Low Waist, Slim Fit, Boot Cut), die bei Bedarf zu jeder anderen Form geändert werden kann. Für die richtigen Proportionen können Sie den Dummy benutzen.

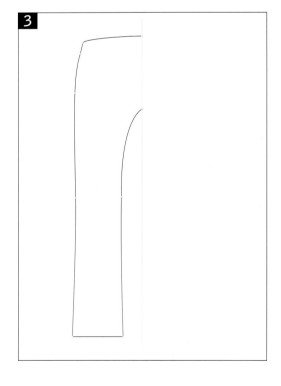

1 Öffnen Sie das in Übung 7 erstellte Dokument mit der Hosenform und bearbeiten Sie die Form, bis sie wie eine Jeansform aussieht (mit dem weißen Pfeil und dem Begrenzungsrahmen).

2 Sie können auch ein neues Dokument erstellen. Klicken und ziehen Sie eine Hilfslinie für die Vorderseite und nennen Sie die Ebene „Form". Zeichnen Sie mit dem Zeichenstift-Werkzeug (P) das linke Bein mit neun Ankerpunkten (Taille Mittellinie, obere Kante Bund, Bund seitlich, Hüfte, Knie außen, Saum außen, Saum innen, Knie innen und Schritt). Die Jeansform hat einen Ankerpunkt mehr als die ursprüngliche Hosenform (obere Kante Bund), da hier der Bund aufwändiger gestaltet ist.

3 Überprüfen Sie die Form und bearbeiten Sie Mängel mit dem weißen Pfeil.

4 Spiegeln Sie die Form mit dem Spiegeln-Werkzeug (O). Wenn Ihnen Mängel auffallen, korrigieren Sie das linke Bein und spiegeln Sie die Form noch einmal. Abgebildet sind zwei Formen: die erste ist zu breit, die zweite wurde bearbeitet und stimmt.

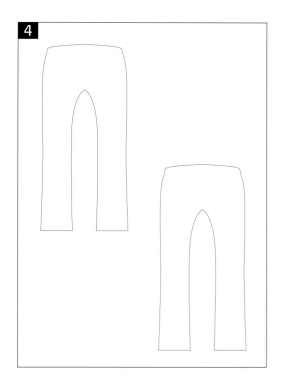

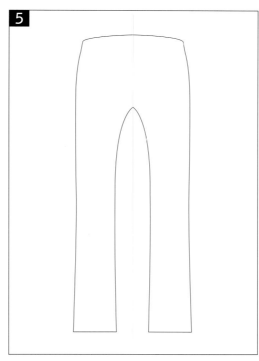

5 Wenn Sie mit der Form zufrieden sind, berechnen Sie den Durchschnitt und fügen die Ankerpunkte des linken und rechten Schritts mit dem weißen Pfeil (A) zusammen (Befehl+Alt+J, dann Befehl+J). Wiederholen Sie die Aktion, um die beiden Ankerpunkte der Taille zusammenzufügen.

Bevor Sie mit den Details beginnen, sollten Sie sich vergewissern, dass die Form eine weiße Füllfarbe hat (oder eine andere Farbe Ihrer Wahl).

Die Details

Anhand der Jeansdetails lernen Sie, wie man eine **Doppelsteppnaht** erstellt und wann und wie man die neue Funktion **Kontur ausrichten** in Illustrator CS2 am besten einsetzt. Wir beginnen jedoch mit dem vorderen Bund:

6 Erstellen Sie eine neue Ebene namens „Details". Fixieren Sie die Formebene. Zeichnen Sie mit dem Zeichenstift-Werkzeug einen halben vorderen Bund mit zwei Ankerpunkten, der an der linken Seite beginnt und in der Mitte zwischen den Ankerpunkten für den oberen Bund und dem seitlichen Bund sitzt.

7 Spiegeln, duplizieren und schränken Sie den halben Bund ein, dann berechnen Sie den Durchschnitt und fügen ihn an der Mittellinie zusammen.

8 Kopieren Sie den Bund und fügen Sie ihn davor ein. Legen Sie dafür eine Konturstärke von etwa 20 pt (oder eine

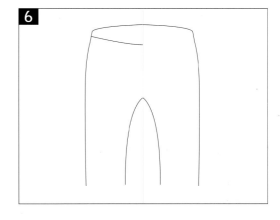

102 Übung Jeansskizze

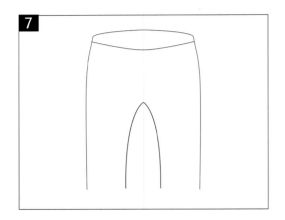
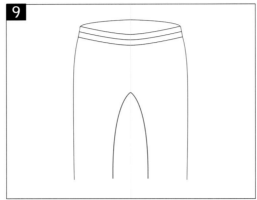
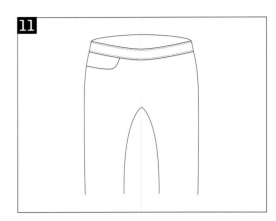
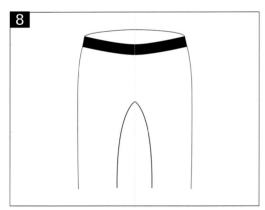
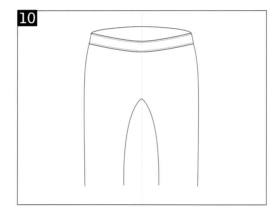
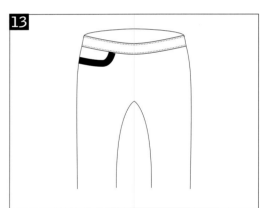

andere Stärke, die der Bundbreite in der Form entspricht) fest.

9 Wählen Sie **Menü>Objekt>Pfad>Konturlinie** und klicken Sie in der Werkzeugpalette auf **Fläche und Kontur vertauschen**. Wählen Sie beide Seitensegmente und löschen Sie sie.

10 Legen Sie für die ursprüngliche Bundlinie (die Linie im Zentrum) eine Konturstärke von etwa 18 pt fest. Die äußeren Ränder werden zu den Steppnahtlinien des Bundes. Ändern Sie die Konturlinie gemäß Schritt 9. Legen Sie eine gestrichelte Linie fest (z. B. Konturstärke 0,75 pt, Strich 1 pt, Lücke 2 pt, abgerundete Linienecken und -enden).

Zeichnen Sie die vorderen Taschen mit der gleichen Technik wie für den Bund:

11 Zeichnen Sie die Taschenkurve mit drei Ankerpunkten.

12 Wählen Sie die Taschenkurve mit dem schwarzen Pfeil aus. Kopieren Sie sie und fügen Sie sie zweimal davor ein (zweimal Befehl+F drücken).

13 Legen Sie für die zweite Kurvenkopie eine Konturstärke von etwa 14 pt fest.

14 Legen Sie für die Konturlinie mit dem Pipette-Werkzeug (I) die gleiche Steppnahtlinie wie für den Bund fest. Löschen Sie die überflüssigen Segmente.

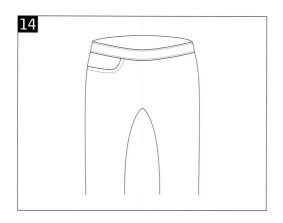
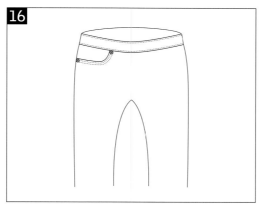
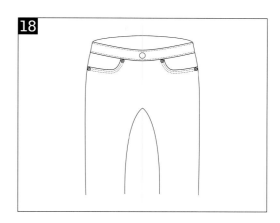
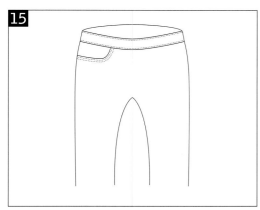
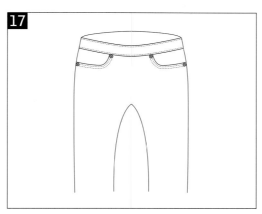

15 Legen Sie für die ursprüngliche Taschenkurve eine Strichstärke von 6 pt fest. Ändern Sie die Konturlinie und machen Sie mit dem Pipette-Werkzeug eine Steppnahtlinie daraus. Löschen Sie überflüssige Segmente.

16 Für die Nieten zeichnen Sie mit dem Ellipsen-Werkzeug (L) zwei Kreise, während Sie die Umschalttaste gedrückt halten, um die Aktion auf einen Kreis einzuschränken (achten Sie darauf, dass die Kreise eine Füllfarbe haben). Richten Sie sie mit der Ausrichten-Palette aus und gruppieren Sie sie (Befehl+G).

17 Wählen Sie alle Elemente der linken vorderen Tasche aus. Spiegeln und duplizieren Sie sie; schränken Sie sie ein.

Zeichnen Sie **den Schlitz und den Hosenknopf** auf der rechten Seite der Mittellinie wie bei Männerhosen, obwohl Sie eine Damenjeans entwerfen.

18 Zeichnen Sie mit dem Ellipsen-Werkzeug einen Kreis von der Mittellinie in der Bundmitte aus. (Umschalt- und Alt-Taste nicht vergessen!)

19 Zeichnen Sie auf der linken Seite des Knopfes mit dem Zeichenstift-Werkzeug die vordere Öffnung, wie abgebildet, mit drei Ankerpunkten (die Art, in der vordere Öffnung und Schrittkurve dargestellt werden, zeigt, wie die Steppnaht an der Schrittkurve aussieht). Ver-

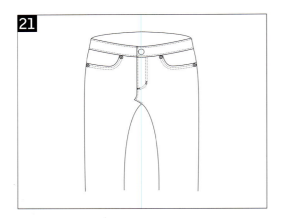
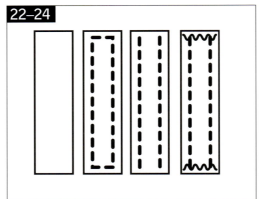
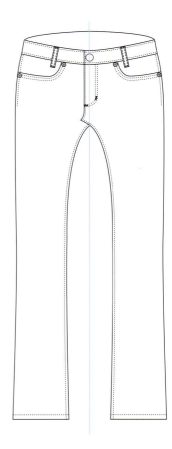

wenden Sie die Technik, mit der Sie die Doppelsteppnaht für den Bund erstellt haben. Kopieren Sie mit dem Pipette-Werkzeug die Steppnaht vom Bund.

20 Zeichnen Sie mit dem Zeichenstift die Steppnaht des Schlitzes mit drei Ankerpunkten und legen Sie für das Segment eine Konturstärke von ca. 3 pt fest. Ändern Sie die Konturlinie und kopieren Sie mit dem Pipette-Werkzeug die Steppnaht des Bundes. Löschen Sie mit dem weißen Pfeil die überflüssigen Linien am oberen und unteren Ende der Doppelsteppnaht.

21 Stellen Sie den Schlitz fertig, indem Sie mit dem Zickzackfilter zwei gesteppte Riegel zeichnen (siehe Hosenübung).

Zeichnen Sie die Gürtelschlaufen:

22 Zeichnen Sie mit dem Rechteck-Werkzeug (M) auf der Zeichenfläche eine Gürtelschlaufe mit entsprechenden Proportionen (sie muss eine Füllfarbe haben). Wenn das erste Rechteck fertig ist, verkleinern Sie mit dem Skalieren-Werkzeug (S) das Rechteck auf eine Doppelsteppnaht, während Sie die Alt-Taste zum Duplizieren gedrückt halten. Lassen Sie die Maustaste los. Das neue Rechteck hat keine Füllfarbe.

23 Kopieren Sie mit dem Pipette-Werkzeug (I) eine Steppnaht in der Nähe und wählen Sie mit dem weißen Pfeil (A) die oberen und unteren Segmente der Steppnaht aus. Kopieren Sie sie und fügen Sie sie davor ein (Befehl+F). Deaktivieren Sie in der Konturpalette die Option **Gestrichelte Linie** und legen Sie für beide kopierte Linien eine Konturstärke von 0,5 pt fest.

24 Machen Sie aus diesen beiden Segmenten mit dem Zickzackfilter gesteppte Riegel. Gruppieren Sie die Gürtelschlaufe, den gesteppten Riegel und die Steppnaht.

Jetzt können Sie die Gürtelschlaufen auf die Vorderansicht platzieren und die übrigen Details wie die Steppnähte an Saum, Hüfte und innerem Bein mit den gerade gelernten Techniken erstellen.

■ Tipp

Verändern Sie die Innenseite des rückwärtigen Bundes später, wenn Sie die Rückansicht bearbeiten, dann geht es schneller.

Die Rückansicht

Die Gesäßtaschen und der abgesteppte Sattel (der von Levi stammt und an einen Adler erinnern soll) gehören zu den Schlüsseldetails einer Jeans. Für die Steppnaht der Tasche verwenden wir die Funktion **Kontur ausrichten**, die neu in Illustrator CS2 und sehr praktisch zum Versetzen von Konturlinien ist, aber nur bei geschlossenen Objekten funktioniert. Für offene Segmente wie die Steppnähte der Details auf der Vorderansicht kann sie nicht verwendet werden.

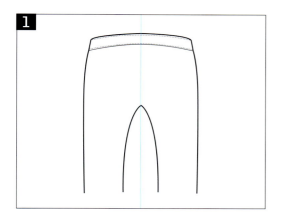

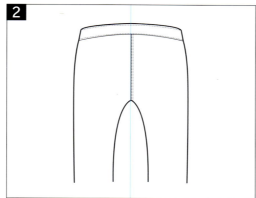

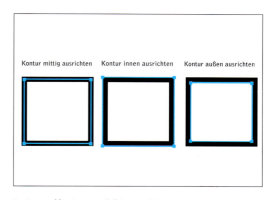

Optionen **Kontur ausrichten** in CS2

Beginnen Sie mit dem hinteren Bund, der Mittelnaht und der Passe:

1 Zeichnen Sie mit dem Zeichenstift-Werkzeug den hinteren Bund und verwenden Sie für die Konturlinie die gleiche Technik wie beim vorderen Bund.

2 Zeichnen Sie die Mittel- und die Steppnaht mit einer einzelnen geraden Linie, die Sie für die Doppelsteppnaht zweimal verdoppeln. Sie können auch vorübergehend die Fixierung der Formebene aufheben und alle Ankerpunkte auf dem hinteren Schritt einige Millimeter nach unten verschieben, da die Mittelnaht hinten in der Regel länger als vorn ist.

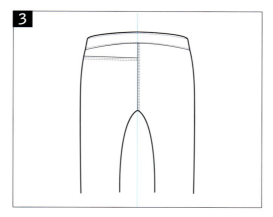

3 Zeichnen Sie mit dem Zeichenstift-Werkzeug die Linie für die Passe und zwei Steppnahtlinien, wie bei der Mittelnaht hinten.

Wir wenden uns jetzt dem **Design der Gesäßtaschen** zu, für das wir die neue Funktion **Kontur ausrichten** verwenden. Damit können Sie die Konturlinie auf die rechte oder linke Seite des Quellsegments verschieben, was für Steppnähte sehr praktisch ist. Wenn Sie nicht mit CS2 arbeiten, erstellen Sie die Steppnähte so, wie Sie das bei den Taschen auf der Vorderseite gemacht haben (ab Schritt 3).

4 Zeichnen Sie mit dem Rechteck-Werkzeug (M) eine Form, die etwa der Kontur der Gesäßtasche entspricht. Aktivieren Sie **Menü>Objekt>Pfad>Ankerpunkte hinzufügen**. Löschen Sie mit dem Ankerpunkt-löschen-Werkzeug alle hinzugefügten Ankerpunkte, die Sie

106 Übung Jeansskizze

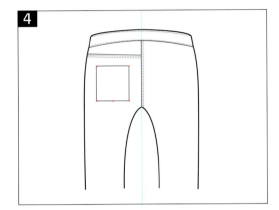

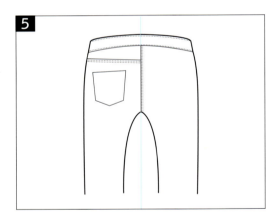

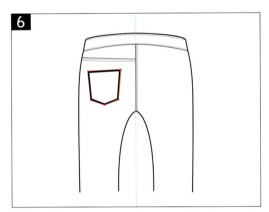

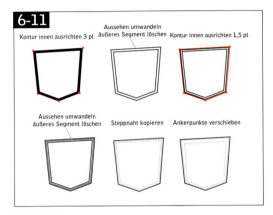

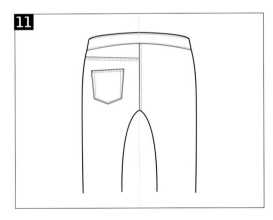

nicht brauchen (bis auf den Ankerpunkt in der Mitte des unteren Segments).

5 Verschieben Sie die Ankerpunkte, um die Tasche zu formen.

6 Kopieren Sie die Tasche und fügen Sie sie zweimal davor ein. Legen Sie für die zweite Tasche eine Konturstärke von 3 pt fest und klicken Sie in der Konturpalette (nur CS2) unter **Kontur ausrichten** auf das Symbol **Kontur innen ausrichten**.

7 Wählen Sie **Menü>Objekt>Aussehen umwandeln**. Klicken Sie in der Werkzeugpalette auf den Pfeil von **Fläche und Kontur vertauschen**. Damit erstellen Sie zwei Segmentlinien. Löschen Sie das äußere Segment (das auf der Taschenlinie liegt).

8 Legen Sie für das erste eingefügte äußere Segment eine Konturstärke von 1,5 pt fest. Klicken Sie in der Konturpalette (nur CS2) unter **Kontur ausrichten** auf **Kontur innen ausrichten**.

9 Wählen Sie **Menü>Objekt>Aussehen umwandeln**. Klicken Sie in der Werkzeugpalette auf den Pfeil von **Fläche und Kontur vertauschen**. Damit erstellen Sie zwei Segmentlinien. Löschen Sie das äußere Segment (das auf der Taschenlinie liegt).

10 Erstellen Sie die Steppnaht für die beiden inneren Segmente.

11 Wählen Sie die entsprechenden Ankerpunkte auf der inneren Steppnahtlinie aus und verschieben Sie diese, um einen realistischeren Eindruck zu bekommen.

12 Zeichnen Sie die Taschenpasse mit breiter Kontur. Ändern Sie die Konturlinie. Versehen Sie den Sattel mit einer Steppnaht.

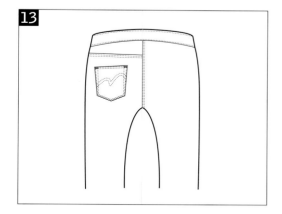

13 Stellen Sie die Tasche mit zwei gesteppten Riegeln an den oberen Ecken fertig.

Fügen Sie die Gürtelschlaufen und die Steppnähte für den Saum hinzu:

14 Fügen Sie die für die Vorderansicht erstellte Gürtelschlaufe am hinteren Bund ein (nur auf der linken Seite).

15 Zeichnen Sie die Steppnahtlinie am Saum (nur auf der linken Seite).

16 Spiegeln und duplizieren Sie mit Ausnahme der Mittelnaht und des Bundes alle Details auf die rechte Seite und schränken Sie sie ein.

17 Fügen Sie die Gürtelschlaufe auf der Mittellinie hinzu.

18 Duplizieren Sie den hinteren Bund auf die Vorderseite. Trennen und löschen Sie die überlappenden Segmente.

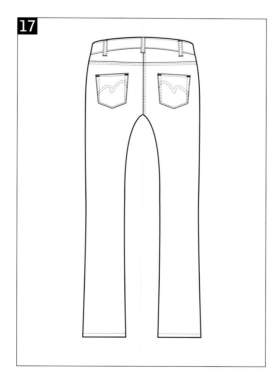

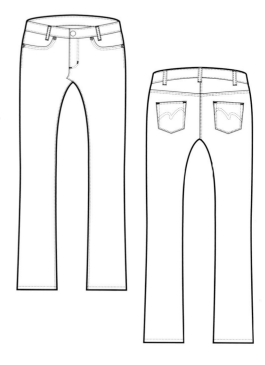

Die Jeans ist fertig. Sie können bei Bedarf Details hinzufügen oder Änderungen vornehmen.

Kapitel 11
Übung T-Shirt-Skizze

Das T-Shirt ist eine sehr einfache Form und wäre für eine frühere Übung besser geeignet gewesen. Dass wir dieses Design in der letzten Übung zu den Grundlagen bearbeiten, liegt daran, dass der Schwerpunkt nicht auf der Form, sondern auf **Stoffmustern** liegt. Illustrator besitzt eine hervorragende Funktion zur Erstellung von Musterfeldern aller Art, angefangen bei Streifen bis hin zu komplexen organischen Formen. Solange Sie nicht den Überblick über die Wiederholungsfrequenz verlieren, ist jedes Design möglich! Musterfelder funktionieren in etwa so wie Fliesen im Badezimmer, bei denen sich das Muster der Fliesen an einer Wand immer wiederholt. Bei dieser Übung fangen Sie mit einem einfachen Streifendesign an (in den Übungen für Fortgeschrittene werden die Muster dann komplizierter). Außerdem erstellen wir **Rippungen**. Denken Sie daran, dass die Anweisungen in dieser letzten Übung sehr knapp sind und nur das Nötigste enthalten. Wenn Sie Probleme bekommen, lesen Sie in der letzten Übung nach, dort werden die einzelnen Schritte ausführlicher dargestellt.

Die Form

Wir erstellen jetzt die Form eines einfachen Männer-T-Shirts mit kurzen Ärmeln und einem Rundhalsausschnitt mit Rippung.

1 Platzieren Sie eine vertikale Hilfslinie in eine Datei. Die erste Ebene heißt „Form". Evtl. den Dummy verwenden.

2 Zeichnen Sie die linke Seite der Form mit zehn Ankerpunkten (Hals Mittellinie, Hals seitlich, Ausschnitt seitlich, Schulter, Ärmelsaum außen, Ärmelsaum innen, Unterarm, Taille, Saum seitlich, Saum Mittellinie).

3 Bearbeiten Sie die Form bei Bedarf.

4 Wählen Sie die Form mit dem schwarzen Pfeil aus, spiegeln (O) und duplizieren Sie sie auf die rechte Seite.

5 Aktivieren Sie beide Ankerpunkte für den Hals an der Mittellinie. Berechnen Sie den Durchschnitt und fügen Sie sie zusammen (Befehl+Umschalttaste+J und Befehl+J).

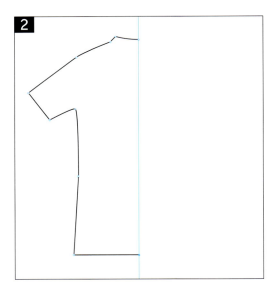

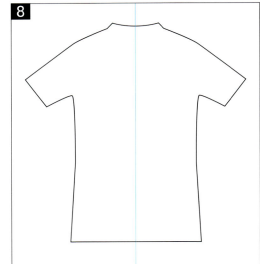

6 Dies für die beiden Ankerpunkte des Saums an der Mittellinie wiederholen.

7 Wählen Sie den Hals an der Mittellinie aus. Machen Sie daraus mit dem Ankerpunkt-konvertieren-Werkzeug (Umschalttaste+C) eine Kurve.

8 Überarbeiten Sie die Form bei Bedarf mit dem Begrenzungsrahmen.

Die Details

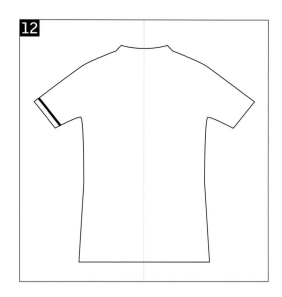

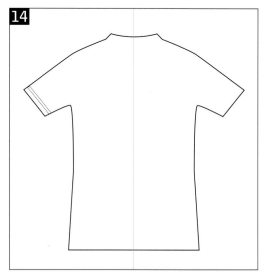

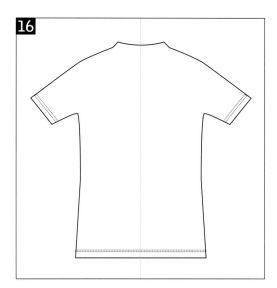

Wir beginnen mit den Steppnahtdetails:

9 Erstellen Sie eine neue Ebene mit dem Namen „Details".

10 Wählen Sie in der Formebene das Ärmelsaumsegment aus. Kopieren Sie es und fügen Sie es in der Detailebene davor ein. Fixieren Sie die Formebene.

11 Verschieben Sie das eingefügte Segment in Richtung Mittellinie.

12 Legen Sie in der Konturpalette eine Konturstärke von 2 pt für das neue Segment fest.

13 Wählen Sie **Menü>Objekt>Pfad> Konturlinie.**

14 Attribute des Segments: keine Füllfarbe, schwarze Kontur, 0,5 pt; gestrichelte Linie: 1 pt Strich und Lücke, abgerundete Linienecken und -enden.

15 Wiederholen Sie Schritt 10–14 für die Steppnaht am Saum.

16 Die Ärmelsteppnaht nach rechts spiegeln, duplizieren und einschränken.

Zeichnen Sie den Rundhalsausschnitt:

17 Zeichnen Sie vom Hals aus seitlich ein gerades Segment schräg nach unten zur Mittellinie. Der erste Ankerpunkt muss in der Mitte des Segments sitzen seitlich zwischen dem Hals und den Ankerpunkten seitlich des Ausschnitts.

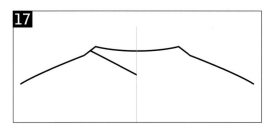

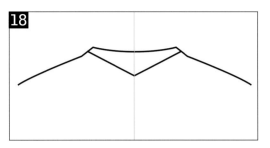

18 Das Segment spiegeln, duplizieren und einschränken.

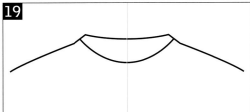
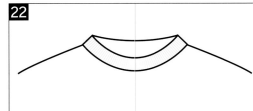
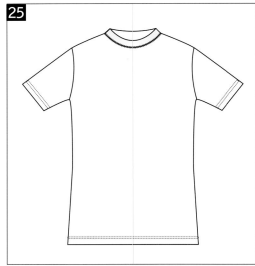
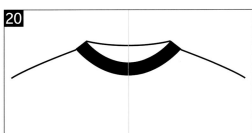
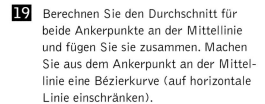

19 Berechnen Sie den Durchschnitt für beide Ankerpunkte an der Mittellinie und fügen Sie sie zusammen. Machen Sie aus dem Ankerpunkt an der Mittellinie eine Bézierkurve (auf horizontale Linie einschränken).

20 Legen Sie für das Segment eine Kontur von 9 pt fest bzw. eine Stärke, die der Breite zwischen Hals seitlich und Ausschnitt seitlich entspricht.

21 Kopieren Sie das Segment und fügen Sie es davor ein. Ändern Sie die Konturlinie (Menü>Objekt>Pfad>Konturlinie). Legen Sie für das Segment eine weiße Füllfarbe und eine schwarze Kontur von 1 pt fest und stellen Sie es nach hinten (Befehl+Umschalttaste+[). Sie können die Änderungen nicht sehen, da das ursprüngliche Segment mit der Kontur von 9 pt noch vorhanden ist. Wählen Sie es mit dem schwarzen Pfeil aus (wenn Sie Schwierigkeiten damit haben, gehen Sie in die Pfadansicht (Befehl+Y).

22 Das ausgewählte ursprüngliche Segment ist die Grundlage für die Rippung. Aktivieren Sie das Feld **Gestrichelte Linie** in der Konturpalette, und schon haben Sie eine perfekte Rippung. (Die Werte für Strich und Lücke können Sie natürlich noch ändern.)

23 Fügen Sie dem Rundhalsausschnitt noch eine Doppelsteppnaht hinzu. Aktivieren Sie mit dem weißen Pfeil den Ankerpunkt des Ausschnitts an der Mittellinie (unterster Punkt auf der Mittellinie).

24 Kopieren Sie den Ankerpunkt und fügen Sie ihn davor ein. Legen Sie eine Konturstärke von 2 pt dafür fest und kopieren Sie mit dem Pipette-Werkzeug (I) die Ärmelsteppnaht.

25 Stellen Sie die Vorderansicht fertig, indem Sie eine Armlochkurve mit zwei Ankerpunkten zeichnen und sie auf die andere Seite spiegeln.

Rückansicht

Für die Rückansicht verwenden Sie alle Elemente der Vorderansicht und bearbeiten dann noch den Ausschnitt:

1. Heben Sie die Fixierung der Formebene auf. Aktivieren Sie die gesamte Form und die Details. Klicken und ziehen Sie die Auswahl in einem Winkel von 45 Grad nach rechts unten, während Sie einschränken und duplizieren.

2. Fixieren Sie die Formebene wieder. Wählen Sie mit dem weißen Pfeil alle Ankerpunkte des Ausschnitts an der Mittellinie aus.

3. Verschieben Sie den Ausschnitt mit der Pfeiltaste nach oben, bis er zum Ausschnitt der Rückansicht passt.

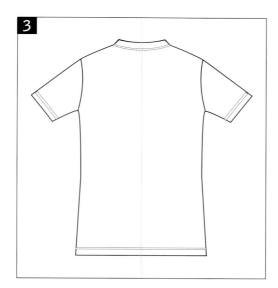

Die Rückansicht ist fertig. Nun wird deren Ausschnitt für die Vorderansicht verwendet:

4. Aktivieren Sie den gesamten Ausschnitt der Rückansicht.

5. Klicken und ziehen Sie den Ausschnitt auf die Vorderansicht und platzieren Sie ihn evtl. mit den Pfeiltasten an der gewünschten Stelle. (Die Pfadansicht aktivieren, um präziser zu arbeiten.)

6. Stellen Sie den Ausschnitt nach hinten (Befehl+Umschalttaste+[), um ihn hinter dem vorderen Ausschnitt zu platzieren.

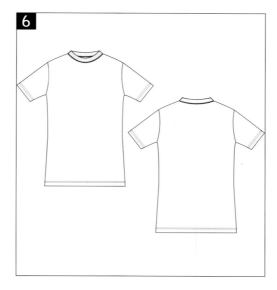

Musterfelder

Die T-Shirt-Form ist jetzt fertig. Nun erstellen Sie ein Musterfeld für ein Streifendesign. Wie bereits erklärt, werden Musterfelder in Illustrator so behandelt, als wären sie Fliesen, die, auf einer Oberfläche ausgelegt, ein sich wiederholendes Muster ergeben. Wir fangen mit einem einfachen Musterdesign an, da Musterfelder für aufwendigere Muster recht kompliziert sein können (komplexere Designtechniken werden in Kapitel 13 und 14 vorgestellt).

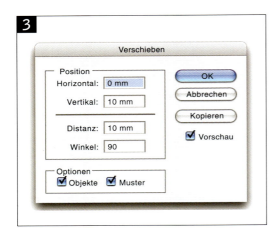

Erstellen Sie das Musterfeld:

1. Wählen Sie das Rechteck-Werkzeug (M). Klicken Sie auf eine freie Stelle auf der Zeichenfläche. Geben Sie im Dialogfeld folgende Werte ein: **Breite** 50 mm, **Höhe** 10 mm. Auf **OK** klicken.

2. Ordnen Sie dem Rechteck eine beliebige Farbe zu (nur eine Vollfarbe). Es darf keine Konturfarbe haben.

3. Wählen Sie **Menü>Objekt>Transformieren>Verschieben** (Befehl+M+Umschalttaste oder Strg+M+Umschalttaste für PC). Geben Sie im Dialogfeld folgende Werte ein: **Horizontal** 0 mm, **Vertikal** 10 mm. Auf **OK** klicken.

4. Legen Sie für das kopierte Rechteck eine beliebige Füllfarbe fest (nicht die gleiche Farbe wie für das erste Rechteck; kein Verlauf, Muster oder Stil).

5. Wählen Sie mit dem schwarzen Pfeil (V) beide Rechtecke aus.

6. Ziehen Sie beide Rechtecke in die Farbfelderpalette, die die Farbfelder enthält. Legen Sie sie dort ab. Dadurch wird automatisch ein neues Musterfeld erstellt.

Das ist der einfachste Weg zu einem zweifarbigen Musterfeld. Für weitere andersfarbige Streifen muss jedes hinzugefügte Rechteck genauso breit wie die anderen sein.

Wenden Sie das Musterfeld auf das T-Shirt an:

7. Heben Sie die Fixierung der Formebene auf und wählen Sie die Vorderansicht aus. Das Flächenfeld in der Werkzeugpalette muss im Vordergrund sein.

8. Wählen Sie in der Farbfelderpalette das neu erstellte Musterfeld aus.

9. Das T-Shirt sollte jetzt Streifen haben.

Wenn die Streifen noch nicht die richtige Größe haben, müssen Sie die **Größe des Musterfelds** ändern:

10 Holen Sie das Musterfeld durch Klicken und Ziehen mit dem schwarzen Pfeil aus der Farbfelderpalette heraus und fügen Sie es an einer beliebigen Stelle auf der Zeichenfläche ein.

11 Ändern Sie mit dem Begrenzungsrahmen die Größe des Musterfelds, während Sie zum Einschränken die Umschalttaste gedrückt halten.

12 Ziehen Sie das geänderte Musterfeld wieder in die Farbfelderpalette. (Es sieht dort genauso aus wie vorher, obwohl Sie die Größe verändert haben.)

13 Aktivieren Sie wieder die T-Shirt-Form, dann das neue Musterfeld. Die Streifen sollten jetzt dicker oder dünner sein, je nachdem, wie Sie das Feld bearbeitet haben.

Um die **Farbe der Streifen** zu ändern:

14 Auf der Zeichenfläche sollten die beiden für das Musterfeld erstellten Rechtecke angezeigt werden. (Falls nicht, ziehen Sie das Musterfeld aus der Farbfelderpalette heraus.) Wählen Sie mit dem weißen Pfeil (A) das Rechteck aus, dessen Farbe Sie ändern möchten.

15 Legen Sie eine andere Füllfarbe für das Rechteck fest.

16 Wählen Sie beide Rechtecke mit dem schwarzen Pfeil (V) aus und ziehen Sie sie wieder in die Farbfelderpalette.

17 Aktivieren Sie die Form und geben Sie ihr die Füllfarbe des neuen Musterfelds.

18 Evtl. die Farbe des Ausschnitts ändern, damit er zur Farbe der Streifen passt.

Form aufteilen

Den **Fadenlauf** der Ärmel berücksichtigen die Streifen, mit denen die Form gefüllt ist, natürlich nicht, da der Ärmel Teil desselben Objekts wie die Form ist. Der Ärmel muss daher vom restlichen T-Shirt abgetrennt werden, damit aus ihm ein eigenes Objekt wird, auf das man einen neuen Fadenlauf anwenden kann. Dafür gibt es mehrere Möglichkeiten, z. B. das Messer-Werkzeug, mit dem Sie in der Sakko-Übung die Klappe der vorderen Tasche abgeschnitten haben. Leider ist diese Technik für Kurven nicht präzise genug. Die beste Methode zum Aufteilen eines Objekts besteht darin, eine vorhandene Kurve (in diesem Fall die Armlochkurve) als Schnittführung für die Option **Fläche aufteilen** der Pathfinder-Palette zu verwenden. Diese Technik ist präzise und flexibel genug, um jede Art von Kurve oder Objekt aufzuteilen.

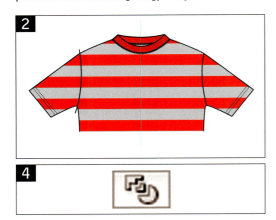

1. Wählen Sie den Endankerpunkt der Armlochkurve aus und verschieben Sie ihn (nur ca. 1 mm) über den Rand des T-Shirts hinaus (die Form der Kurve darf dabei nicht verändert werden).

2. Wiederholen Sie das für den anderen Endankerpunkt auf der Armlochkurve.

3. Aktivieren Sie Kurve und Form.

4. Klicken Sie in der Pathfinder-Palette auf **Fläche aufteilen**. Die aufgeteilte Form ist eventuell in die Detailebene gerutscht (die Kurve stammt ja aus der Detailebene). Wenn das der Fall ist, kopieren Sie die Form und fügen Sie sie in der Formebene davor ein (die Fixierung der Formebene muss aufgehoben sein).

5. Heben Sie die Gruppierung der aufgeteilten Form auf (Befehl+Umschalttaste+G).

6. Wiederholen Sie Schritt 1–5 für den rechten Ärmel.

So gehen Sie vor, um für die **abgetrennten Ärmel einen eigenen Fadenlauf festzulegen**:

7. Wählen Sie mit dem schwarzen Pfeil den linken Ärmel aus.

8. Verschieben Sie mit dem Drehen-Werkzeug (R) das Ziel für die Drehung auf den Ankerpunkt des Ärmelsaums innen.

9. Drehen Sie den Ärmel, bis der Saum eine horizontale Linie ist.

10. Dem Ärmel im Flächenfeld der Werkzeugpalette keine Füllfarbe zuordnen.

11. Im Dialogfeld **Voreinstellungen** (Befehl+K) muss die Option **Muster transformieren** aktiviert sein.

12. Füllen Sie den Ärmel mit dem gleichen Musterfeld wie das übrige T-Shirt.

Übung T-Shirt-Skizze 115

13 Drehen Sie den Ärmel wieder an seine ursprüngliche Position zurück und achten Sie darauf, dass Sie das Ziel für die Drehung auf den Ankerpunkt des Ärmelsaums innen verschieben.

14 Wiederholen Sie Schritt 7–13 für den rechten Ärmel.

15 Ändern Sie den Ärmel der Rückansicht, indem Sie einfach die gesamte Vorderansicht duplizieren und den Rundhalsausschnitt vorn löschen.

16 Das T-Shirt ist jetzt fertig.

Sie haben jetzt alle Übungen zu den Grundlagen durchgearbeitet und sollten in der Lage sein, mit den Übungen für Fortgeschrittene weiterzumachen. Vorher sehen wir uns jedoch einige technische Zeichnungen von Kleidungsstücken an, die Ihnen hoffentlich als Inspiration dienen und Sie anregen, mit den neu erworbenen Fähigkeiten eigene, komplexere Entwürfe zu gestalten.

Kapitel 12
Galerie Zeichnungen

Die Arbeiten in diesem Kapitel stammen von verschiedenen Designern, die in sehr unterschiedlichen Positionen in der Modebranche arbeiten. Einige Zeichnungen sind von Modestudenten, die den Kurs des Autors am Saint Martins College besucht haben.

Sara Loi
Sara arbeitet mit dünnen Konturlinien, die den Zeichnungen eine emotionalere, zartere Ästhetik verleihen.

Ilaria
Ilarias Zeichnungen sind sehr detailverliebt. Metallbesätze und Rüschen an Kleid und Rock wurden mit Verlaufeffekten erstellt.

Hampus Bernhoff
Hampus vereinfacht ein kompliziertes Jackendesign, indem er zwei Tragemöglichkeiten darstellt. Dieser Ansatz hilft dem Produktionsunternehmen, das ein solches Design realisieren möchte.

Lailee Lo
Lailees Spezialität sind lustige, bequeme Formen mit hübschen Applikationen. Die Zeichnungen wirken ausgewogen und einheitlich, was dazu beiträgt, die Linie zu verstehen.

Jae Hwan Kim
Ein wirklich origineller und individueller Look, der sich für Kollektionen in Werbe- oder Verkaufskatalogen eignet und den Entwürfen etwas Persönliches, Lebendiges verleiht.

Galerie Zeichnungen

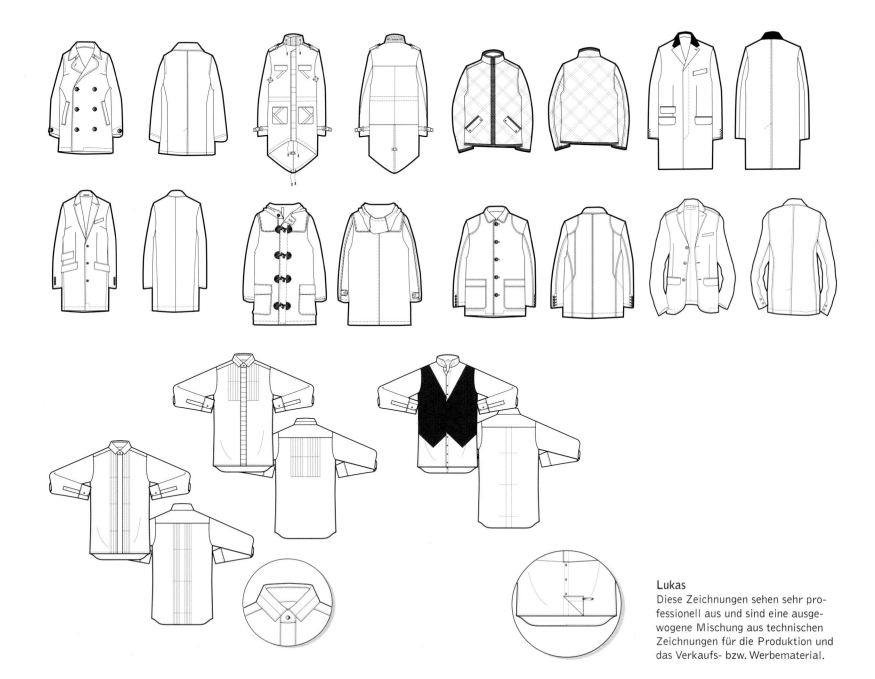

Lukas
Diese Zeichnungen sehen sehr professionell aus und sind eine ausgewogene Mischung aus technischen Zeichnungen für die Produktion und das Verkaufs- bzw. Werbematerial.

Galerie Zeichnungen 119

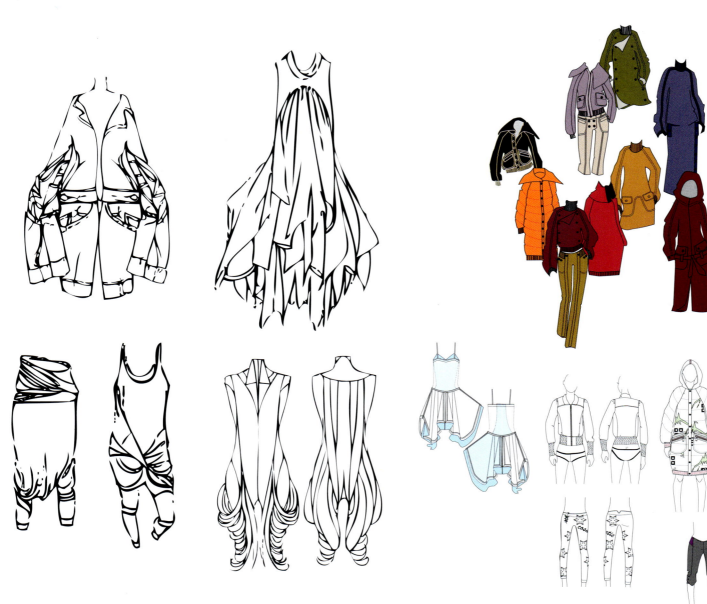

Alithia Spuri Zampetti
Diese Skizzen wurden mit der Funktion **Interaktiv abpausen** von Illustrator CS2 erstellt. Alithia hat die Zeichnungen per Hand angefertigt und dann eingescannt. Anschließend hat sie die Zeichnungen mit speziellen Abpausoptionen bearbeitet, die ihrem Zeichenstil am ehesten entsprachen.

Binia Umland
Kreative Darstellung von Kleidungsstücken unter Verwendung des Dummys, der in den Zeichnungen die Proportionen besser veranschaulicht. Die obersten Zeichnungen sind hervorragende Beispiele für die Verzerrungswerkzeuge in Illustrator, die den Zeichnungen einen dynamischen Eindruck verleihen.

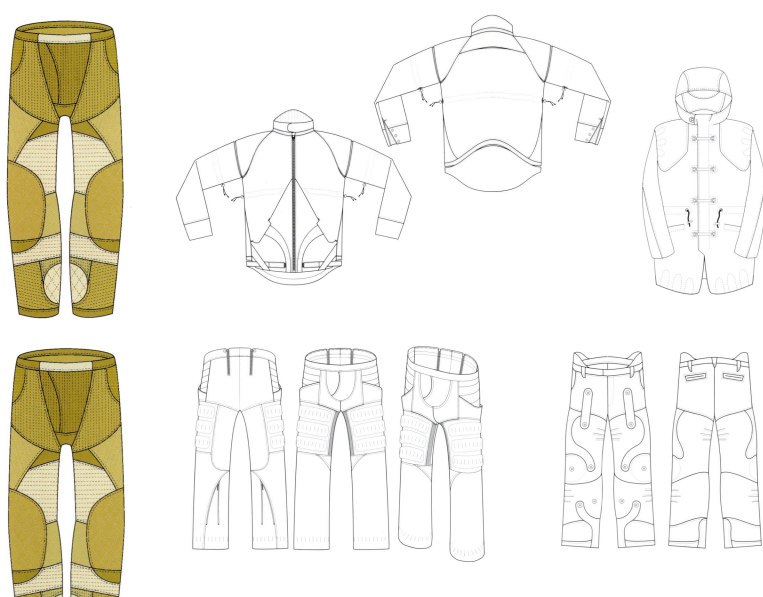

Sam Strauss Malcolm
Innovative Zeichnungen mit besonderem Augenmerk auf Details und Besätzen. Bemerkenswert ist die Dreiviertelansicht der Hose, die dem Betrachter hilft, das Design besser zu verstehen.

Hwan Sung Park
Hwan nutzt alle verfügbaren Werkzeuge und Effekte voll aus, um fantastische Zeichnungen zu erstellen. Der Stil eignet sich sehr gut zur Katalogpräsentation und gibt dem Design eine individuelle Identität. Auch dem Hintergrund-Layout wird besondere Aufmerksamkeit gewidmet, was den Zeichnungen Atmosphäre und Stimmung verleiht.

Kapitel 13
Maschenware und geometrische Muster

Nachdem Sie Skizzen verschiedener Kleidungsstücke erstellt haben, sollten wir uns jetzt mit den fortgeschrittenen und spezialisierten Designfunktionen beschäftigen. In den nächsten sechs Kapiteln lernen Sie neue Funktionen kennen, die über die Erstellung einfacher Flachzeichnungen hinausgehen. Die Kapitel für die Fortgeschrittenen sind in zwei Bereiche aufgeteilt: Im ersten Bereich widmen wir uns komplexen Flachzeichnungen, im zweiten fortgeschrittenen Details. Bei den Flachzeichnungen sehen wir uns Funktionen des Illustrator an, mit denen wir unsere Skizzen noch realistischer und detailgetreuer gestalten können. Die präzise Darstellung eines Kleidungsstücks mithilfe einer technischen Zeichnung ist vor allem dann sinnvoll, wenn die Entwürfe eines Designers nicht nur für das Produktionsunternehmen, sondern für ein breiteres Publikum gedacht sind. Die ständig steigende Zahl an Kollektionen pro Jahr bedeutet, dass ein Unternehmen neue Entwürfe häufig auf dem Papier verkaufen muss, ohne fertige Musterkollektionen für den Kunden zu haben. Daher ist eine realistische Darstellung der Kleidungsstücke, die dem fertigen Produkt so nah wie möglich kommt, besonders wichtig. In den ersten drei fortgeschrittenen Übungen sehen wir uns an, wie man geometrische Muster und komplexe All-over-Prints erstellt, Stoffmuster importiert, Wascheffekte darstellt und Placement-Prints auf Kleidungsstücke platziert. Im zweiten Teil lernen Sie, wie man realistisch wirkende, komplizierte Details erstellt, einschließlich fortgeschrittener Besatzentwürfe und Besatz-Bibliotheken, und dazu Pinsel und Stile verwendet. Zuletzt geht es darum, wie man Logobesätze und Grafikstile erstellt.

In der letzten Übung zu den Grundlagen habe ich Ihnen gezeigt, wie man ein einfaches zweifarbiges Streifenmuster erstellt. Das war für den Einsteiger die Einführung in das leistungsfähige Musterfeld-Werkzeug von Illustrator. In der fortgeschrittenen Übung lernen Sie eine andere, komplexere Methode kennen, um Felder mit geometrischen Mustern zu erstellen. Geometrische Muster werden mithilfe von Maschenware vorgestellt, die gleiche Technik kann jedoch auf alle Arten von geometrischen Mustern angewandt werden, z.B. Tweed, Ginghams, Karos usw. Spezifische Designthemen für Maschenware wie Maschineneinstellungen, Garne, Stricktechniken usw. werden in dem Kapitel über Maschenware nicht behandelt. Es beschäftigt sich ausschließlich mit der Darstellung eines Maschenmusters oder eines anderen geometrischen Musters.

Das Schwierigste an der Darstellung von geometrischen Mustern ist der Wiederholungsprozess. Wie Sie bereits wissen, werden die Musterfarbfelder in Illustrator beim Füllen einer Form aneinandergereiht. Diese Aneinanderreihung ohne sichtbare Übergänge zu gestalten, kann mitunter recht schwierig sein. Beim Erstellen eines perfekten geometrischen Farbfeldmusters ohne sichtbare Übergänge helfen nur Ausprobieren und Geduld.

Maschenware entwerfen

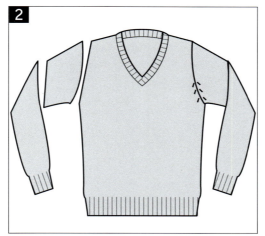

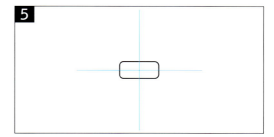

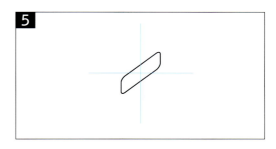

Wir beginnen wie immer mit der Form:

1 Erstellen Sie den abgebildeten Pullover als halbe Form mit 15 Ankerpunkten. Sie können natürlich auch ein eigenes Kleidungsstück entwerfen, wobei Sie darauf achten sollten, dass es mindestens zwei Ebenen gibt (Form und Detail). Um uns auf die Erstellung eines Musterfelds für ein Strickmuster zu konzentrieren, arbeiten wir nur mit der Vorderansicht.

2 Teilen Sie die Ärmel in zwei separate Objekte auf und verwenden Sie das Armloch und die Ärmelfalte als Pfade für die Aufteilung. Das ist die gleiche Technik wie in Übung 11 unter „Form aufteilen". Wenn Sie Schwierigkeiten haben, lesen Sie in dem Kapitel nach.

3 Das Rippendesign ist für die Form von Maschenware in der Regel sehr wichtig (siehe Kapitel 11). Sie können viele verschiedene Rippenmuster erstellen, indem Sie die Werte für Konturstärke, Strich und Lücke verändern. In der Abbildung oben hat das Rippenmuster folgende Werte: Konturstärke 33 pt, Strich 0,5 pt, Lücke 7 pt.

■ Tipp

Sie können die Rippenstruktur auch mit einem Pinsel erstellen. Mit der Konturpalette kann es bei einigen Kurven Probleme geben. Pinsel funktionieren bei gebogenen Rippen präziser. Die Erstellung einer Rippenstruktur mit Pinseln wird in Übung 17 beschrieben.

Wenn die Form fertig ist, fangen Sie damit an, **ein Feld mit einem geometrischen Strickmuster zu erstellen**:

4 Die Lineale einblenden (Befehl+R). Ziehen Sie eine vertikale und eine horizontale Hilfslinie (Fadenkreuz) an eine freie Stelle neben der Pulloverform.

5 Wählen Sie Abgerundetes-Rechteck-Werkzeug und ziehen Sie eine Form mit weißer Füllfarbe wie oben abgebildet. Verwenden Sie das Verbiegen-Werkzeug, um die Form zu verbiegen, während Sie die Umschalttaste gedrückt halten, um auf etwa 45 Grad einzuschränken.

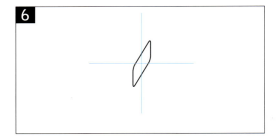

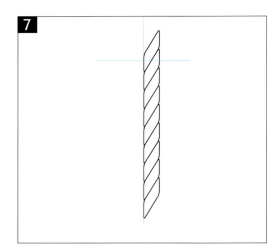

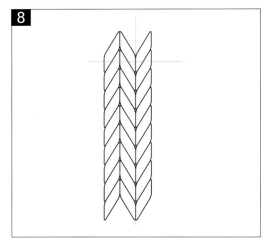

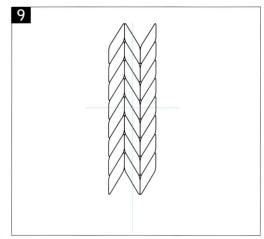

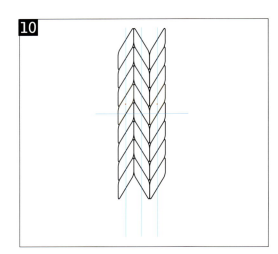

6 Korrigieren Sie die Form, damit sie, wie oben abgebildet, möglichst so aussieht wie eine einzelne Masche.

7 Nun die Form einmal mit dem schwarzen Pfeil duplizieren und genau am Original ausrichten (drücken Sie die Umschalttaste zum Einschränken und die Alt-Taste zum Duplizieren). Drücken sie dann Befehl+D, um Form und Bewegung siebenmal zu kopieren.

8 Spiegeln und duplizieren Sie alle Formen mit dem Spiegeln-Werkzeug (O)

9 Wählen Sie die drei Stränge aus und verschieben Sie die gesamte Form mit – Umschalt- und Alt-Taste gedrückt halten – und korrigieren Sie die Position, sodass oben und unten ein V entsteht. Für einen dritten Strang mit abgerundeten Rechtecken wiederholen.

dem schwarzen Pfeil in das Zentrum des Fadenkreuzes. (Verwenden Sie dabei die Pfeiltaste.)

10 Ziehen Sie zwei weitere vertikale Hilfslinien in die Mitte des linken und des rechten Strangs.

11 Wählen Sie das Rechteck-Werkzeug. Den Mittelpunkt des Fadenkreuzes als Ausgangspunkt wählen, Alt- und Umschalttaste drücken. Nun klicken und ziehen Sie mit der Maus ein Quadrat ohne Füllfarbe, das zwischen die neu erstellten Hilfslinien passen sollte.

12 Jetzt wird es knifflig! Verschieben Sie die horizontalen Segmente des Quadrats mit dem weißen Pfeil so, dass sich das Muster ohne Übergänge wiederholt.

13 Wählen Sie das Quadrat mit dem schwarzen Pfeil aus und legen Sie keine

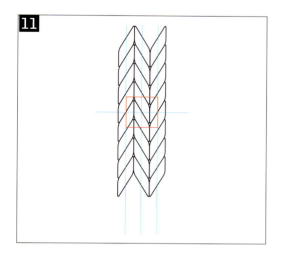

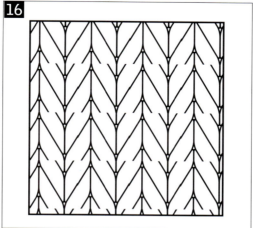

Füllfarbe und keine Kontur dafür fest. Stellen Sie es nach hinten (**Objekt> Anordnen>Nach hinten stellen** oder Befehl+Umschalttaste+[).

14 Wählen Sie mit dem schwarzen Pfeil die drei Stränge und das Quadrat aus. Ziehen Sie die Auswahl und fügen Sie sie in die Farbfelderpalette ein.

15 Sie sollten jetzt ein Farbfeld mit dem Strickmuster in der Palette sehen. Zeichnen Sie mit dem Rechteck-Werkzeug (M) an einer freien Stelle der Zeichenfläche ein großes Quadrat und legen Sie das neue Feld mit dem Strickmuster als Füllfarbe dafür fest. Das Quadrat sollte jetzt mit dem Strickmuster gefüllt sein.

16 Das erste Musterfeld hat an der oberen und unteren Kante einen Fehler, der sofort ins Auge springt. Um das zu korri-

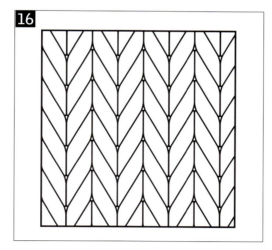

gieren, ändern Sie die Größe des Begrenzungsrahmens, indem Sie mit dem weißen Pfeil das obere und dann das untere Segment auswählen und sie in kleinen Schritten verschieben. Denken Sie daran, dass das Quadrat der Begrenzungsrahmens des Musterfelds ist und nicht unbedingt eine quadratische

Form haben muss – es kann höher als breit sein, wenn sich das durch die Wiederholungsfrequenz so ergibt. Ziehen Sie die Segmente an die entsprechende Stelle, bis das Muster keine hässlichen Übergänge mehr hat.

17 Wählen Sie mit dem schwarzen Pfeil das Rumpfteil des Pullovers aus und füllen Sie ihn mit dem Musterfeld.

18 Eventuell ist das Muster zu groß oder zu klein für den Rumpf. Ziehen Sie einfach das Musterfeld aus der Farbfelderpalette und legen es an einer freien Stelle der Zeichenfläche ab. Verändern Sie die Größe mit dem schwarzen Pfeil (Umschalttaste zum Einschränken nicht vergessen!). Ziehen Sie das Musterfeld wieder in die Farbfelderpalette. Wählen Sie die Rumpfform erneut aus und füllen Sie sie mit dem neuen Strickmuster.

126 Maschenware und geometrische Muster

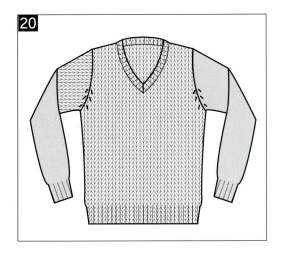

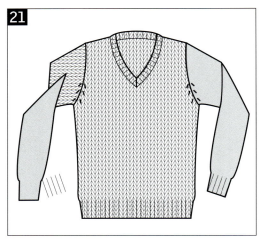

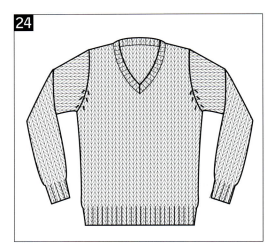

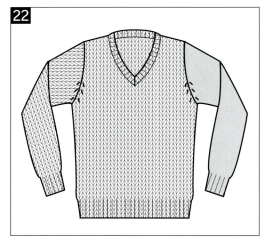

19 Der Fadenlauf der Ärmel stimmt nicht mit dem des Rumpfs überein, daher können sie nicht direkt gefüllt werden. Verwenden Sie die gleiche Technik wie in der T-Shirt-Übung. Achten Sie darauf, dass im Dialogfeld **Voreinstellungen** die Option **Muster transformieren** aktiviert ist.

20 Wählen Sie mit dem schwarzen Pfeil einen oberen Ärmel aus und drehen Sie den Ärmel (Umschalttaste drücken zum Einschränken!) um 90 Grad (beliebige Richtung). Füllen Sie den Ärmel mit dem Strickmuster. Drehen Sie den Ärmel dann wieder an seine ursprüngliche Position zurück. Das Muster hat jetzt den korrekten Fadenlauf.

21 Verwenden Sie für den Unterarm die gleiche Technik. Dieses Mal müssen Sie den Ärmel so lange drehen, bis der Saum horizontal steht.

22 Füllen Sie den Unterarm mit dem Musterfeld und drehen Sie ihn wieder an die ursprüngliche Position.

23 Um den anderen oberen Ärmel zu füllen, verwenden Sie das Pipette-Werkzeug. Um den anderen Unterarm zu füllen, wiederholen Sie Schritt 21 und 22.

■ Tipp

Ein Musterfeld können Sie mit jedem beliebigen Zeichenwerkzeug erstellen (Zeichenstift, Buntstift, Rechteck, Ellipse, Stern usw.), Sie müssen aber darauf achten, dass es nicht mit Verläufen, Einblendungen, Pinselkonturen, Gittern, Bitmaps oder platzierten Dateien gefüllt ist.

24 Stellen Sie den Pullover fertig, indem Sie die Rippung dicker machen, wenn sie vom Strickmuster verdeckt wird.

Mit dieser Technik können Sie unbegrenzt viele geometrische Muster erstellen. Die einzelnen Schritte sind immer die gleichen.

Kapitel 14
All-over-Print-Muster

All-over-Prints enthalten oft organische Strukturen, die innerhalb des Druckbereichs wiederholt werden. Da diese Formen meist über ein Gitter gelegt werden, das nicht so starr ist wie bei anderen Mustern, ist die Wiederholung kaum zu erkennen. Ein guter All-over-Print sollte wie ein Bild aussehen. In dieser Übung lernen Sie drei Arten von All-over-Prints kennen: Muster aus willkürlich platzierten Objekten, gefolgt von Mustern mit organischen Formen, die durch eine bestimmte Wiederholungsfrequenz strukturiert werden, und Mustern mit fortlaufenden organischen Linien, die für einen fließenden Wiederholungseffekt übergangslos miteinander verbunden sein müssen.

Muster mit willkürlich platzierten Objekten

Für diese Art von Muster müssen Sie ein Blumenmuster von Grund auf neu erstellen. Ohne eine Vorlage kann es recht schwierig sein, natürliche Formen in Illustrator zu zeichnen. Sie sollten daher Bilder verwenden, deren Umrisse Sie mit dem Zeichenstift-Werkzeug nachziehen.

1 Suchen Sie Bilder von organischen Objekten im Web, in einem Buch oder fotografieren Sie welche mit einer Digitalkamera, Ihrem Mobiltelefon, einem Scanner. Die Bilddateien dürfen nicht zu groß werden (max. A6 bei 150 dpi), damit Illustrator nicht zu langsam wird.

2 Erstellen Sie ein neues Dokument und platzieren Sie die ausgewählten Bilder auf der Zeichenfläche, indem Sie **Menü>Datei>Platzieren** wählen. Dann fixieren Sie die Ebene.

3 Erstellen Sie eine neue Ebene und verwenden Sie das Zeichenstift-Werkzeug, um die Bilder nachzuzeichnen. (Achten Sie darauf, dass Ihr Pfad keine Füllung hat, um die Bilder nicht zu verdecken.)

4 Wenn die Objekte fertig sind, wählen Sie alle aus und skalieren sie bei Bedarf auf die passende Größe für das Muster.

5 Zeichnen Sie an einer freien Stelle der Zeichenfläche ein Rechteck, das als Bereich des Musterfelds verwendet wird.

6 Bei immer noch ausgewähltem Rechteck in die Transformierenpalette gehen

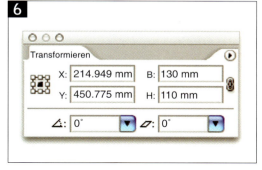

und dort die Abmessungen des Rechtecks aufrunden (z. B. B 130 mm, H 110 mm).

7 Fixieren Sie das Rechteck, damit es nicht im Weg ist.

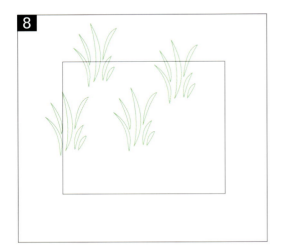

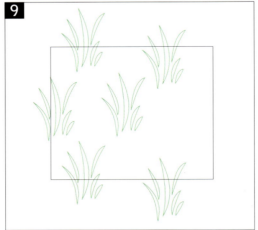

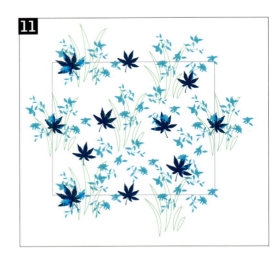

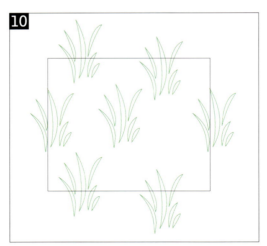

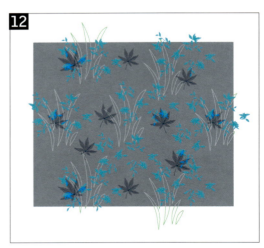

8 Eines der nachgezeichneten Objekte auswählen und über das Rechteck legen, aber nur vollständig innerhalb des Rechtecks oder überlappend mit dem oberen und linken Rand des Rechtecks.

Jetzt müssen Sie die überlappenden Objekte vom oberen bis zum unteren Rand und vom linken bis zum rechten Rand des Rechtecks verschieben und kopieren, um **eine Musterwiederholung ohne Übergänge** zu erstellen. Das erfolgt mit dem Verschieben-Werkzeug:

9 Mit dem schwarzen Pfeil alle Objekte auswählen, die über den oberen Rand des Rechtecks hinausragen. Über **Menü>Objekt>Transformieren>Verschieben** (Befehl+Umschalttaste+M) geben Sie unter Position ein: Horizontal 0 mm, Vertikal 110 mm. Das Feld Vorschau aktivieren und überprüfen, ob die Verschiebung richtig aussieht. Klicken Sie zur Bestätigung auf Kopieren.

10 Alle Objekte auswählen, die über den linken Rand des Rechtecks ragen. Über **Menü>Objekt>Transformieren>Verschieben** (Befehl+Umschalttaste+M) unter Position Folgendes eingeben: Horizontal 130 mm, Vertikal 0 mm. Mittels Vorschau die Verschiebung prüfen und zur Bestätigung auf Kopieren klicken.

11 Legen Sie die anderen Objekte über den oberen und linken Rad des Rechtecks und wiederholen Sie Schritt 1 bis 10.

12 Heben Sie die Fixierung auf und legen Sie eine Füllfarbe und keine Kontur für das Rechteck fest. Kopieren Sie es und stellen Sie es nach hinten (Befehl+Um-

schalttaste+[). Für das kopierte Rechteck keine Füllung und keine Kontur festlegen. Ziehen Sie das farbige Rechteck etwas größer, um Lücken zwischen den Musterfeldern zu vermeiden.

13 Wählen Sie beide Rechtecke und alle übrigen Objekte aus. Ziehen Sie sie in die Farbfelderpalette und legen Sie sie dort ab.

14 Testen Sie den All-over-Print, indem Sie eine beliebige Form damit füllen.

Feldgröße, Farbe und Inhalt können Sie problemlos ändern. Dazu ziehen Sie das Feld aus der Farbfelderpalette und legen es zum Bearbeiten auf der Zeichenfläche ab, oder Sie ändern das ursprüngliche Bildmaterial und legen es in der Palette ab.

■ Tipp

Interessante optische Effekte erzielen Sie, wenn sie einige Objekte **durchscheinend** machen, indem Sie die Deckkraft ändern oder eine andere **Füllmethode** festlegen. Dazu ein Objekt auswählen und in die Transparenzpalette wechseln, wo Sie die Parameter ändern (das funktioniert am besten, wenn die Objekte überlappend sind und eine Hintergrundfarbe haben).

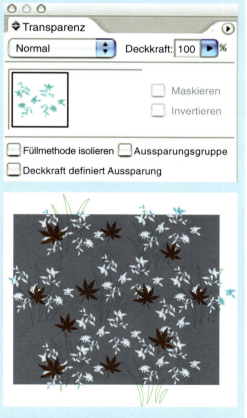

Blatt: Füllmethode: Ausschluss Deckkraft: 60 %
Blüte: Füllmethode: negativ multiplizieren
Gras: Füllmethode: multiplizieren

Organische Formen mit strukturierter Wiederholung

Organische Formen mit strukturierter Wiederholung haben schon eher mit geometrischen Mustern zu tun, da sie auf einem strukturierten Layout basieren. Damit enden die Gemeinsamkeiten aber auch schon, denn eine organische Form lässt ein Muster weniger steif aussehen als normale geometrische Muster. Strukturierte Wiederholungen zu erstellen, ist mitunter recht schwierig. Es ist daher besser, ein Quellmuster als Vorlage für die Wiederholungsfrequenz eines solchen Musters zu verwenden. Sie können die Vorlage auf Papier ändern, bevor Sie sie einscannen oder das Quellmuster nachzeichnen. Sie brauchen lediglich das Vorlagenelement nachzuzeichnen, das dann im Muster wiederholt wird.

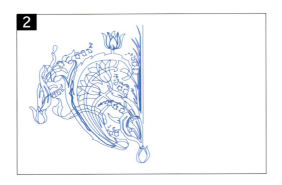

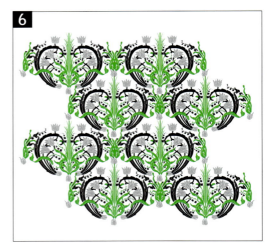

1. Ein neues Dokument erstellen, Bild auf der Zeichenfläche platzieren (**Menü> Datei>Platzieren**). Die Ebene fixieren.

2. Eine neue Ebene erstellen und mit dem Zeichenstift-Werkzeug das Vorlagenelement nachziehen. So viele getrennte Objekte erstellen wie für das Muster erforderlich. (Der Pfad darf keine Füllung haben, um das Quellbild nicht zu verdecken. Zur besseren Sichtbarkeit eine kontrastierende Konturfarbe wählen.)

3. Nach dem Nachzeichnen die Elemente mit Farbe füllen. Alle Elemente auswählen und gruppieren.

4. Spiegeln, duplizieren und schränken Sie das Vorlagenelement ein.

5. Gruppieren Sie beide Seiten. Bei Bedarf spiegeln, duplizieren und schränken Sie sie wieder ein (abhängig von der Wiederholungsfrequenz).

6. Wiederholen, bis Sie genug Vorlagen für die Erstellung eines Musterfelds haben.

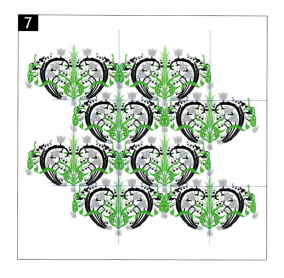

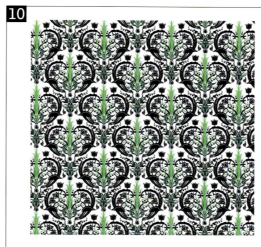

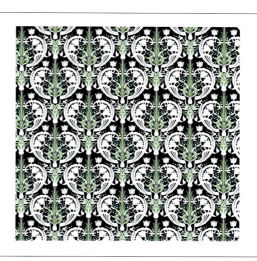

8 Klicken und ziehen Sie ein Rechteck von der Hilfslinie aus, um den Begrenzungsrahmen für das Musterfeld zu erstellen. Es darf keine Füllung und keine Konturfarbe haben. Stellen Sie es nach hinten.

9 Alles aus und die Auswahl in der Farbfelderpalette ablegen. Überprüfen sie das neue Muster, indem Sie ein Rechteck damit füllen, das größer ist als der ursprüngliche Begrenzungsrahmen.

10 Fügen Sie dem Muster eventuell eine Hintergrundfarbe hinzu, wie beim letzten All-over-Print beschrieben. Sie können auch die Bildvorlage ändern und andere Farben und Größen wählen.

 Tipp

Um sicherzustellen, dass die Wiederholung des Musters stimmt, sollten Sie beim Spiegeln des Vorlagenelements leicht erkennbare Referenzpunkte vorsehen. Bei dem abgebildeten Muster bildet der grüne Stängel in der Mitte eine einfache Segmentlinie, die als eindeutiger Referenzpunkt für das Ziel der Spiegelung dient.

7 Zwei vertikale und zwei horizontale Hilfslinien an den Stellen platzieren, an denen die Ränder der Wiederholungsfrequenz liegen werden.

Fortlaufende und organische Linien im Muster

Unser drittes und letztes All-over-Print-Muster hat fortlaufende und organische Linien. Im Gegensatz zu den letzten beiden Mustern enthält dieses zusammengefügte Objekte oder Linien, die einen fließenden Wiederholungseffekt ergeben. Bei diesem Muster lernen Sie eine leistungsfähige Funktion von Illustrator CS2 kennen: Interaktiv abpausen.

In den letzten Übungen dürfte Ihnen schon aufgefallen sein, dass es zuweilen recht mühsam und zeitaufwendig ist, organische Formen nachzuzeichnen. Mit der Funktion **Interaktiv abpausen** geht das automatisch. Der Nachteil ist, dass Sie ein „aufgeräumtes" Vorlagenbild brauchen, da **Interaktiv abpausen** automatisch abläuft und alles nachzeichnet, was sich auf dem Vorlagenbild befindet. **Interaktiv abpausen** hat zahlreiche Voreinstellungen, je nachdem, mit welcher Art von Vorlagenbild Sie arbeiten. Vorgaben wie **Hohe Fototreue, Schwarzweißlogo, Handzeichnung** usw. helfen Ihnen dabei, das Beste aus dem Vorlagenbild herauszuholen. Trotzdem ist es besser, die Abpausoptionen zu verwenden, um mehr Kontrolle über das Abpausen zu haben. Wenn Sie nicht mit Illustrator CS2 arbeiten, müssen Sie das Vorlagenbild jetzt manuell nachzeichnen und können nach dem Abschnitt **Interaktiv abpausen** mit der Übung weitermachen. Für diese Übung habe ich ein Vorlagenbild ausgewählt, das einiger Änderungen bedarf, bis es das fertige Muster ergibt. Wenn ihr Bild anders aussieht, müssen Sie die Übung entsprechend anpassen.

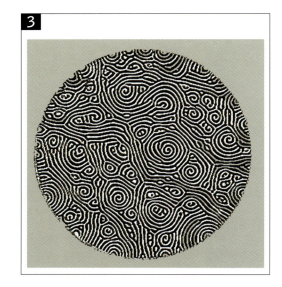

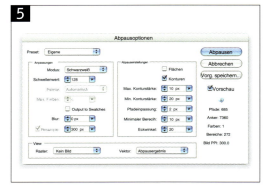

1 Wählen Sie ein Vorlagenbild mit fortlaufenden Linien aus, z. B. ein Zebra- oder Tigermuster, Camouflage-Prints oder Fingerabdrücke.

2 Optimieren Sie das Bild z.B. in Photoshop, damit es möglichst wenig Rauschen, Staub oder Kratzer enthält. Das Bild sollte etwa 150 dpi haben und nicht größer als A6 sein.

3 Öffnen Sie in Illustrator CS2 ein neues Dokument. **Menü>Datei>Platzieren** wählen und das Vorlagenbild öffnen.

4 Wählen Sie **Menü>Objekt>Interaktiv abpausen>Abpausoptionen**. Aktivieren Sie im Dialogfeld **Abpausoptionen** die **Vorschau**. Abhängig von Bildinhalt und -art sollten Sie unterschiedliche Optionen auswählen, um die besten Abpausergebnisse zu erzielen. Für das hier verwendete Bild habe ich **Konturen** aktiviert (**Fläche** ist deaktiviert) und als **Modus** Schwarz-Weiß ausgewählt. Alle anderen Optionen blieben unverändert.

5 Klicken Sie in der Steuerungspalette auf die Schaltfläche **Umwandeln**.

6 Die Konturstärke eventuell ändern. Bei diesem Bild beträgt sie 1 pt.

7 Nun die Gruppierung des interaktiv abgepausten Objekts aufheben (Befehl+Umschalttaste+G). Für ein individueller aussehendes Muster können Sie einige Linien hinzufügen oder löschen oder

All-over-Print-Muster 133

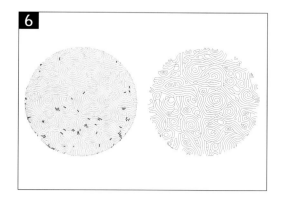

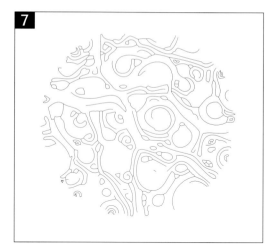
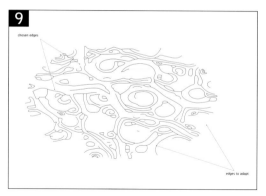

das Bild mit Filtern bearbeiten, z. B. Aufrauen (Menü>Filter>Aufrauen).

Die Vorlage kann jetzt in ein **Wiederholungsmuster** ohne Übergänge umgewandelt werden. Das ist das Schwierigste an Mustern mit fortlaufenden organischen Linien, da Sie jede Linie einzeln erstellen oder bearbeiten müssen, damit sie in die Wiederholungsfrequenz passt.

8 Platzieren Sie vier Hilfslinien so, dass sie den optisch interessantesten Teil der Vorlage einrahmen. Exakt in diesen Rahmen ein Rechteck platzieren. Mithilfe des Rahmenmittelpunkts zwei weitere Hilfslinien vertikal und horizontal positionieren.

9 Sehen Sie das Muster an und wählen Sie aus, welchen vertikalen und horizontalen Rand Sie als Vorlage für die Wiederholung verwenden möchten bzw. welche Ränder bearbeitet werden müssen, um als Vorlage geeignet zu sein.

10 Mit dem Schere-Werkzeug alle Segmente an allen Rändern abschneiden. Nun die Segmente der beiden Seiten, die Sie bearbeiten, löschen, damit sie zu den ausgewählten Rändern passen.

11 Wählen Sie mit dem schwarzen Pfeil alle Elemente außerhalb des ausgewählten vertikalen Rands aus (in diesem Fall den linken). Spiegeln und schränken Sie sie auf den rechten Rand ein und benutzen Sie die Mittellinie des Rahmens als Ziel (Duplizieren ist nicht erforderlich).

134 All-over-Print-Muster

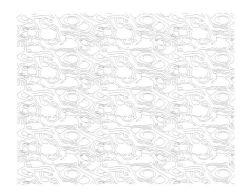

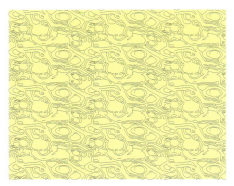

haben. Nach Bedarf das ursprüngliche Bild wieder in der Farbfelderpalette ablegen. So lange wiederholen, bis Sie ein Musterfeld ohne Übergänge haben.

Dieses Muster können Sie für jede beliebige Zeichnung verwenden. Dabei sollten Sie auf die Musterproportionen achten.

12 Mit dem weißen Pfeil die Segmente innerhalb des Rahmens so verschieben, dass sie gegen das Segment außerhalb des Rahmenrands stoßen. Wenn Segmente fehlen, mit dem Zeichenstift neue zeichnen, die zu den gespiegelten passen. (Um Lücken zu vermeiden, die gespiegelten Segmente nicht verändern und die Segmente im Rahmeninnern etwas über den Rahmenrand ragen lassen.)

13 Wiederholen Sie Schritt 11 und 12 für den horizontalen Rand.

14 Das Bild kann jetzt in der Farbfelderpalette abgelegt werden. Vorher wählen Sie das in Schritt 1 erstellte Rechteck aus, ohne Füllung und Kontur und stellen es nach hinten. Sie können es auch kopieren, nach hinten einfügen, fixieren und dem ursprünglichen Rechteck eine Füllfarbe zuordnen. Danach die Fixierung des Rechtecks ohne Füllung und ohne Kontur aufheben.

Das in der Farbfelderpalette abgelegte Bild sollten Sie auf eine beliebige Fläche anwenden, um zu prüfen, ob die Ränder Übergänge

■ Tipp

Wenn ihr Muster produziert werden soll, können Sie Ihr Dokument so bearbeiten, dass es für das Produktionsunternehmen geeignet ist. Erstellen Sie ein neues Dokument in der Größe der Fabrikspezifikationen (z.B. Druck auf Rolle 160 cm breit auf 70 cm). Erstellen Sie in dem Dokument ein Rechteck, das die gesamte Zeichenfläche einnimmt, und füllen Sie es mit dem Musterfeld. Sie können die Feldgröße ändern, damit die Wiederholung stimmt. Anhand des Dokuments sehen Sie, wie das Muster in Originalgröße aussieht und wie oft es sich auf der Stofflänge wiederholen wird.

Kapitel 15
Stoffe, Wascheffekte und Placement-Prints

Um Ihre Zeichnungen möglichst realistisch wirken zu lassen, können Sie sie mit Stoffmustern füllen, die zuvor mit einer Bildbearbeitungssoftware wie Photoshop eingescannt wurden. Auf dem Stoff selbst können Sie eine Jeanswaschung oder Überfärbungen simulieren. Wenn Sie Sportmode oder Freizeitkleidung entwerfen, haben Sie es häufig mit Placement-Prints und Logos auf den Kleidungsstücken zu tun. Diese Übung deckt alle diese Techniken detailliert und hilft Ihnen dabei, Zeichnungen zu erstellen, die möglichst realistisch aussehen.

Stoffe

Wir fangen mit Stoff-Placements an. Im Grunde genommen geht das genauso, als würden Sie in Illustrator ein digitales Bild platzieren. Da Bilder jedoch rechteckig sind und der Stoff in eine Form passen muss, müssen wir mit der Funktion **Zusammengesetzter Pfad** eine unsichtbare Maske erstellen, die die überflüssigen Bildteile verdeckt. Sie sollten Bilder von Stoffen auswählen, die von den Proportionen her zur Zeichnung passen. Wir arbeiten mit der Jeanszeichnung aus Kapitel 10 (Sie können natürlich auch eine andere Zeichnung verwenden):

1. Öffnen Sie die Zeichnung der Jeans. Nun die Fixierung der Formebene aufheben und die Detailebene ausblenden.

2. Mit dem schwarzen Pfeil die Form auswählen. Sehen Sie in der Transformierenpalette oder der Steuerungspalette (nur CS2) nach und notieren Sie sich die Werte für Höhe und Breite.

3. Scannen Sie den Jeansstoff mit einer Bildbearbeitungssoftware ein; das Muster sollte möglichst A4-Format haben.

4. Die Dateigröße des Jeansbilds an die Abmessungen der Jeansform anpassen (Photoshop: **Menü>Bild>Bildgröße**). Auf die richtigen Proportionen achten und erst den Wert für die Höhe eingeben. Dann prüfen, ob der Wert für die Breite reicht, um die Form abzudecken.

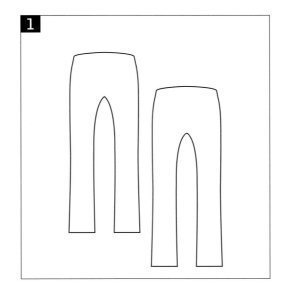

5. Die Auflösung des Bilds sollte zwischen 150 und 300 dpi liegen (300 dpi sind am besten). Speichern Sie das Dokument als JPEG-Bild.

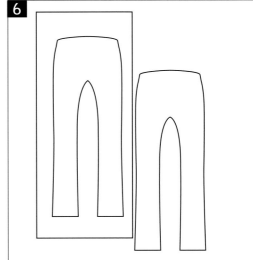

6. Im Illustrator-Dokument das Rechteck-Werkzeug wählen. Ein Rechteck zeichnen und die Vorderansicht der Jeans einrahmen (2 bis 3 cm Rand).

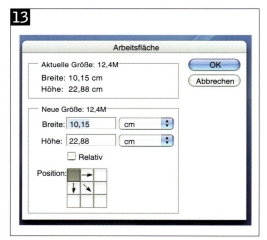

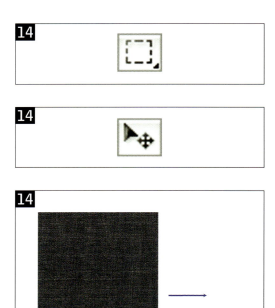

Duplizieren und verschieben Sie den Stoff, um die leere Fläche zu füllen.

7 Die Vorderansicht wählen, davor kopieren und einfügen, fixieren (Befehl+2).

8 Das Rechteck und die ursprüngliche Vorderansicht auswählen, dann **Menü>Objekt>Zusammengesetzter Pfad>Erstellen** (oder Befehl+8).

9 Für den zusammengesetzten Pfad weiße Füllfarbe und keine Kontur vorsehen.

10 Eine neue Ebene „Stoff" erstellen, ans untere Ende der Ebenenliste ziehen.

11 Wählen Sie **Menü>Datei>Platzieren** und wählen Sie das Dokument mit dem Jeansstoff aus. Platzieren Sie es unter dem zusammengesetzten Pfad in die Formansicht vorn.

12 Überprüfen Sie, ob die Proportionen der Jeansbindung zur Form passen (weder zu groß noch zu klein).

13 Hat der Stoff nicht die richtigen Proportionen, ändern Sie die Dateigröße in Photoshop wie folgt:

Ist die Bindung zu klein, vergrößern Sie das Bild und beschneiden es dann auf die Abmessungen der Jeansform.

Ist sie zu groß, verkleinern Sie das Bild und wählen dann **Menü>Bild>Arbeitsfläche**. Im Dialogfeld die Arbeitsfläche in gleicher Höhe und Breite wie für die Jeansform festlegen. Im Feld **Anker** den oberen linken Pfeil aktivieren.

14 Sie sehen jetzt eine große weiße Fläche. Diese mit dem Jeansstoff füllen, der in der oberen linken Ecke sitzt. Dazu wählen Sie den Stoff mit dem Auswahlrechteck-Werkzeug aus. Kopieren und fügen Sie ihn ein. Wählen Sie das Verschieben-Werkzeug. Verschieben Sie den Stoff in Richtung einer Lücke. Fügen Sie ihn wieder ein und verschieben Sie ihn wieder zu einer Lücke. Wiederholen Sie das, bis der Stoff die gesamte Fläche bedeckt.

15 Wechseln Sie in die Ebenenpalette und wählen Sie aus dem Pop-up-Menü die Option **Auf Hintergrundebene reduzie-**

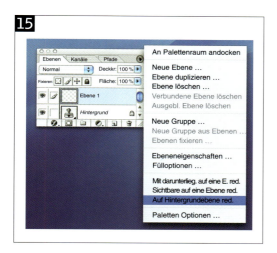

ren. Wenn Sie den Stoff richtig eingescannt haben, dürften Sie jetzt keine Linien an den Stellen sehen, an denen die Stoffstücke überlappen. Sind Linien vorhanden, diese mit dem Kopierstempel-Werkzeug glätten und löschen.

16 Speichern Sie die Stoffdatei unter dem Namen „Jeans kleine (oder große) Bindung". Platzieren Sie die Datei wieder in Illustrator. Wie Sie an der Abbildung rechts sehen können, verändert eine große bzw. kleine Bindung die Darstellung ganz erheblich.

Wascheffekte

Die Form kann jetzt im nächsten Schritt durch Hinzufügen von Wascheffekten bearbeitet werden. In dieser Phase können Sie Ihrer Fantasie freien Lauf lassen und alle möglichen Wascheffekte erstellen. Die Technik ist immer die gleiche, ob es nun um Jeanswaschungen, Überfärbungen oder um Waschungen mit Enzymen, Sand, Chlorbleiche usw. geht. Das wichtigste Werkzeug für Wascheffekte ist der Zeichenstift in Kombination mit Transparenzfüllungen. Die verschiedenen Pinsel können sehr unterschiedlich eingesetzt werden. In Kapitel 17 wird das ausführlicher behandelt, doch zunächst arbeiten Sie mit den Bibliotheken Künstlerisch_Pinsel und Pinsel:

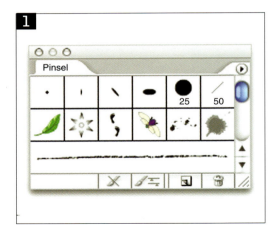

1 Wählen Sie **Menü>Fenster>Pinsel**. Sie sollten jetzt die Pinselpalette mit der Standard-Bibliothek sehen.

2 Nun in der Werkzeugpalette das Pinsel-Werkzeug (B) wählen und in der Pinselpalette einen Pinselstil. Oder **Menü>Fenster>Pinsel-Bibliotheken** wählen (Pop-up-Menü der Pinselpalette: **Pinsel-Bibliothek öffnen**). Der abgebildete Wascheffekt wurde mit der Bibliothek Künstlerisch_Pinsel erzielt.

3 Über der Formebene eine neue Ebene „Wascheffekt" erstellen. Alle anderen Ebenen fixieren.

4 Den Pinsel klicken und ziehen, um Pinselstriche zu erstellen. Die Maustaste loslassen und den Strich fertigstellen.

5 Bemalen Sie ein Bein mit verschiedenen Pinseln.

6 Die fertigen Pinselstriche können Sie bearbeiten, indem Sie die Ankerpunkte mit dem weißen Pfeil verschieben.

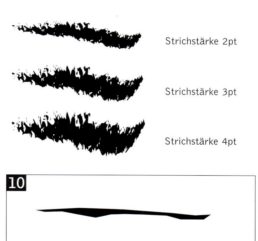

Strichstärke 1pt

Strichstärke 2pt

Strichstärke 3pt

Strichstärke 4pt

7 Experimentieren Sie mit unterschiedlichen Pinselstilen. Dazu wählen Sie den Pinselstrich mit dem schwarzen Pfeil aus und wenden dann einen anderen Pinsel aus der Pinselpalette darauf an.

Die Wascheffekte auf der Jeans sehen allerdings noch aus wie aus Versehen auf die Jeans geratene Farbe. Deshalb setzen Sie jetzt die **Transparenzeffekte** und **Füllmethoden** von Illustrator ein:

8 Wenn Sie mit den Pinselstrichen auf dem Hosenbein zufrieden sind, wählen Sie alle Striche aus.

9 In die Transparenzpalette wechseln. Wählen Sie dort im Pop-up-Menü oben links eine Füllmethode (für Jeans ist **Farbig**

abwedeln geeignet) und stellen Sie die Deckkraft auf etwa 40 % ein.

Sie können den **Pinselstrich dünner oder dicker** machen, indem Sie die Konturstärke ändern.

Wenn Ihnen die vorhandenen Pinsel nicht gefallen, können Sie **eigene Pinsel erstellen**:

10 Erstellen Sie an einer freien Stelle der Zeichenfläche mit dem Zeichenstift-Werkzeug oder einem anderen Werkzeug ein Objekt, aus dem später Ihr neuer Pinselstil wird.

11 Wählen Sie das Objekt mit dem schwarzen Pfeil aus und legen Sie es in der Pinselpalette ab (achten Sie darauf, dass es die Standard-Pinselpalette ist!).

12 Aktivieren Sie im Dialogfeld **Neuer Pinsel** die Option **Neu: Bildpinsel.**

13 Bei den Optionen klicken Sie einfach auf **OK**. (Viele Optionen betreffen Sie gar nicht, aber Sie können ruhig experimentieren.)

14 Wählen Sie das Pinsel-Werkzeug und malen Sie damit.

Wenn Sie mit dem Aussehen des Wascheffekts auf dem einen Bein zufrieden sind, können Sie ihn auf das andere spiegeln. Eventuell sieht der Effekt anders aus, da Pinselstriche oft asymmetrisch sind. Ist das der Fall, können Sie den Wascheffekt auf dem rechten Bein noch einmal völlig neu malen oder den vom linken Bein drehen.

Asymmetrisches Bein   Symmetrisches Bein

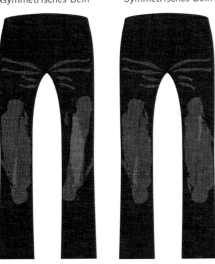   

Beim nächsten Schritt wenden wir Wascheffekte auf Detailebene an:

15 Blenden Sie die Detailebene ein.

16 Die Gürtelschlaufen, der Knopf und die Nieten sind mit Weiß gefüllt.

17 Den Knopf auswählen und mit Farbe füllen, z. B. Lichtgrau, das wie Silber aussieht. Bei den Nieten wiederholen.

18 Die Gürtelschlaufen auswählen und entgruppieren. Dann nur das äußere Rechteck ohne Füllfarbe auswählen.

19 Wählen Sie alle Elemente der Gürtelschlaufen aus und gruppieren Sie sie wieder. Fixieren Sie sie (Befehl+2).

20 Wählen Sie das Schere-Werkzeug und schneiden Sie alle Teile des Bunds ab, die sich mit den beiden Gürtelschlaufen überschneiden.

21 Heben Sie die Fixierung der Gürtelschlaufen auf (Befehl+Alt-Taste+2).

Malen Sie noch ein paar Wascheffekte auf Ihre Jeans, die zu den Details passen. Sie können auch ein wenig mit den Füllmethoden herumspielen und den Steppnähten eine andere Farbe geben. Lassen Sie sich von der hier abgebildeten Jeans inspirieren.

Wenn Sie nicht mit Jeansstoffen arbeiten, können Sie die hier vorgestellten Techniken bearbeiten und dann auch für andere Stile und Kleidungsstücke verwenden.

Placement-Prints

In diesem Abschnitt platzieren wir Placement-Prints, die in anderen Anwendungen wie etwa Photoshop hergestellt wurden, in eine Form. Die Erstellung von Placement-Prints wird nicht behandelt, da die meisten Modeunternehmen dafür mit Grafikdesignern arbeiten. Modedesigner stellen meist Recherchen für Mood-Boards an und überlassen die Artdirection dem Grafikteam. Sie können allerdings eine höhere optische Wirkung ihrer Kollektionsdarstellung erreichen, wenn die Zeichnungen Placement-Prints enthalten, die speziell dafür angefertigt wurden, vor allem im Bereich Sportswear und Freizeitkleidung. Wenn Sie ein Bild in eine Form platzieren, wird es immer in einem Rechteck sein und daher nicht richtig zur Füllfarbe der Form passen (es sei denn, die beiden Farben sind gleich). Dieses Problem lässt sich mit den leistungsfähigen Transparenzeffekten und Füllmethoden des Illustrator lösen. In Illustrator lassen sich zwar viele Arten von Digitalbildern platzieren, die Anwendung kann aber bei zu großen Dateien Schwierigkeiten bekommen. Sie sollten die Dateigröße also möglichst klein halten, indem Sie die Zeichnung ausmessen und sicherstellen, dass die Digitaldatei in etwa die gleichen Abmessungen hat und die Auflösung nicht höher als 300 dpi ist.

1 Öffnen Sie die Zeichnung aus der T-Shirt-Übung oder eine andere Zeichnung. Legen Sie fest, wo das Muster sitzen soll – Vorder- oder Rückansicht. Notieren Sie die Werte für Höhe und Breite aus der Transformierenpalette.

2 Eine Füllfarbe oder ein Musterfeld auf die ausgewählte Form anwenden.

3 Eine neue Ebene „Maske" erstellen und zwischen die Form- und Detailebene platzieren. Erstellen Sie einen zusammengesetzten Pfad mit der Rumpfform, falls sich das Muster mit dem Formbereich überschneidet (siehe Stoff-Übung). Wenn die Form aus mehr als einem Teil besteht (z. B. Rumpf und zwei Ärmeln), verdeckt der gerade erstellte zusammengesetzte Pfad die Ärmel. Daher die Ärmel kopieren und in

3 Zusammengesetzter Pfad maskiert Formebene

3 Ärmel aus Formebene kopiert und in Detailebene eingefügt

die Detailebene über der Maskenebene einfügen (siehe Abbildung).

4️⃣ Wenden Sie in der Bildbearbeitungssoftware die Abmessungen der ausgewählten Form auf das Bild an und legen Sie die Auflösung fest.

5️⃣ In Illustrator eine neue Ebene „Bild" erstellen und zwischen die Masken- und Formebenen platzieren.

6️⃣ Aktivieren Sie **Menü>Datei>Platzieren** und wählen Sie die Datei mit dem Bild aus. Platzieren Sie es, wie abgebildet, auf die Form.

7️⃣ Das platzierte Muster maskiert das Streifenmuster der Form. Um das zu ändern, öffnen Sie in der Transparenzpalette das Pop-up-Menü für die Füllmethode und wählen **Multiplizieren** aus (das entfernt die Hintergrundfarbe des Bilds). Sie können auch mit anderen Füllmethoden experimentieren.

In Illustrator sind zahlreiche Effekte und Verwendungen von Placement-Prints möglich, es gelten jedoch immer drei Grundsätze: 1. Fertigen Sie das Bild immer genauso groß an wie die Zeichnung und achten Sie darauf, dass die Auflösung nicht höher als 300 dpi ist. 2. Achten Sie auf die richtige Reihenfolge der Ebenen. Von unten nach oben: Form, Bild, Maske, Details.
3. Verwenden Sie die Transparenzpalette und deren Füllmethoden, um den Hintergrund des Bilds zu löschen.

Kapitel 16
Besatzentwurf und Besatz-Bibliotheken

Im zweiten Teil der Übungen für Fortgeschrittene beschäftigen wir uns mit der Erstellung von realistisch aussehenden, komplexen Besätzen und Besatz-Bibliotheken. Anschließend lernen Sie Pinseltechniken für die Erstellung von Details kennen und erfahren, wie man Besätze mit Logos versieht und Grafikstile erstellt.

Besätze haben Sie in den Übungen mit den Skizzen bereits erstellt. In diesem Kapitel beschäftigen wir uns mit dem Entwurf von Besätzen, ohne uns um die dazugehörigen Kleidungsstücke zu kümmern. Wenn es um Besätze geht, ist es am rationellsten, wenn man Dokumente erstellt, die ausschließlich Besätze enthalten. Aus diesen Dateien können Sie dann Besatz-Bibliotheken erstellen, die für alle Zeichnungen von Ihnen verwendet werden können. So wie Designer die Kataloge der Lieferanten nutzen, um daraus die Besätze für eine Kollektion auszuwählen, können Sie mit dem Illustrator Besatz-Bibliotheken erstellen. Sie können sogar verschiedene Bibliotheken erstellen, die z.B. nur Reißverschlüsse, Manschettendetails oder Knöpfe usw. enthalten.

Besatz-Bibliotheken

Den Grundstock der Bibliothek bilden die Besätze, die Sie in den vorherigen Übungen erstellt haben. Dazu wandeln Sie jeden einzelnen Besatz in ein Illustrator-Symbol um. Symbole sind Objekte, die in der Symbolepalette gespeichert sind und im Dokument verwendet werden können. Im Gegensatz zu Musterfeldern können Symbole jedoch einzeln auf der Zeichenfläche abgelegt werden, ohne Teil einer Form oder eines Objekts zu sein. Sie bleiben unabhängig und eignen sich daher am besten für Besätze und Designdetails. Eine Symbol-Bibliothek lässt sich sehr einfach erstellen, wenn Sie alle bereits erstellten Besätze in die Symbolepalette abgelegt haben.

So erstellen Sie eine Besatz-Bibliothek:

1 Die Datei aus der Jeansübung öffnen.

2 Alle Besätze – Nieten, Gürtelschlaufen, Taschen – wählen. Kopieren und fügen Sie sie in ein neues Dokument ein.

3 Aktivieren Sie im neuen Dokument **Menü>Fenster>Symbole**.

4 Mit dem schwarzen Pfeil einen Jeansbesatz oder ein Designdetail auswählen, kopieren, in der Symbolepalette ablegen.

5 Wiederholen Sie Schritt 4 für alle Details und Besätze auf der Zeichenfläche.

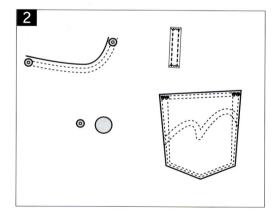

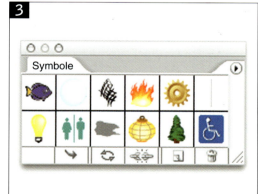

6 Wenn Sie alle Besätze in der Symbolepalette abgelegt haben, löschen Sie alle überflüssigen Symbole in der Palette, die standardmäßig mit Illustrator ausgeliefert werden. Dazu wählen Sie die überflüssigen Symbole eines nach dem anderen aus (Umschalttaste zur Auswahl mehrerer Objekte drücken).

7 Im Pop-up-Menü der Symbolepalette die Option **Symbol löschen** wählen.

8 Damit die Datei mit der Bibliothek nicht zu groß wird, sollten Sie in den entsprechenden Paletten alle überflüssigen Farbfelder, Stile und Pinsel löschen. Dazu wählen Sie im Pop-up-Menü der entsprechenden Palette die Option **Alle unbenutzten auswählen**. Klicken Sie dann auf das Papierkorbsymbol unten rechts im Palettenfenster, um alle unbenutzten Elemente zu löschen.

9 Speichern Sie die Datei unter dem Namen „Besätze und Designdetails Jeans"

10 Öffnen Sie ein neues Dokument und aktivieren Sie **Menü>Fenster>Symbol-Bibliotheken>Andere Bibliothek**. Öffnen Sie die Jeans-Besatzdatei. (In Illustrator CS2 können Sie die anderen Bibliotheken direkt im Pop-up-Menü der Symbolepalette aufrufen.)

11 Jetzt ist die Palette mit den Symbolen der Jeans-Besatz-Bibliothek zu sehen.

12 Um die Symbole zu benutzen, ziehen Sie sie einfach auf die Zeichenfläche.

Symbole können bis auf das Skalieren und Drehen des Begrenzungsrahmens nicht bear-

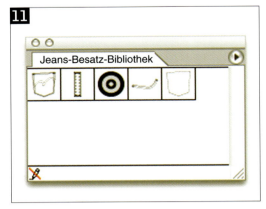

beitet werden. Um die Ankerpunkte zu bearbeiten, wählen Sie das entsprechende Symbol auf der Zeichenfläche aus und wählen **Menü>Objekt>Umwandeln**. Im Dialogfeld Umwandeln klicken Sie auf **OK**. Das Symbol ist jetzt ein Objekt, das problemlos bearbeitet werden kann.

Sie können beliebig viele Bibliotheken mit Besätzen und Designdetails erstellen. Wenn Sie mit dem Entwerfen in Illustrator beginnen, werden Sie die Bibliothek in der Regel von Grund auf neu erstellen müssen. Berücksichtigen Sie jedoch, dass es eine Weile dauert, bis Sie eine gute Bibliothek aufgebaut haben.

■ Tipp

Wenn Sie Dateien mit vielen Besätzen regelmäßig benutzen, speichern Sie die Datei in der Standard-Symbol-Bibliothek, die beim Starten der Anwendung angezeigt wird unter: Application>Adobe> Illustrator>Presets>Symbols. (Windows-Benutzer suchen den Programmordner mit Illustrator und speichern die Datei im Ordner mit der Standard-Symbol-Bibliothek.)

Besätze und Designdetails

Im nächsten Teil dieses Kapitels erfahren Sie, wie Sie Besätze und Details am besten erstellen. Es gibt unzählige Designdetails und Besätze, die nicht alle in diesem Kapitel behandelt werden können. Der Schwerpunkt liegt darauf, wie Sie mit Illustrator schnell und präzise Besätze und Designdetails erstellen.

Wenn Sie einen Besatz oder ein Designdetail von Grund auf neu entwerfen, verwenden Sie am besten ein Vorlagenbild oder eine Freihandzeichnung, um schneller arbeiten zu können. In den vorherigen Übungen haben Sie bereits einige Besätze und Designdetails erstellt, die wir als Basis für fortgeschrittene Besätze und Designdetails nehmen. Es gibt noch viel mehr Besätze und Details als die in dieser Übung gezeigten – diese sind als Grundlage gedacht, auf der Sie aufbauen können.

Reißverschlusslasche

Es gibt zahllose Varianten von Reißverschlusslaschen, und jedes Jahr bringen die Hersteller neue Arten und Formen heraus. Für diese Übung verwenden wir eine klassische Form; für modischere Laschen gelten die gleichen Designtechniken.

1 Zeichnen Sie zunächst den Schieber des Reißverschlusses. Dazu verwenden Sie eine Vorlage oder erstellen die Form völlig neu.

2 Spiegeln, duplizieren und fügen Sie die Teile des Schiebers zusammen.

3 Als Lasche zeichnen Sie ein Rechteck, das in die Schieberform passt.

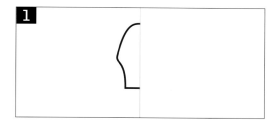

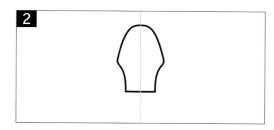

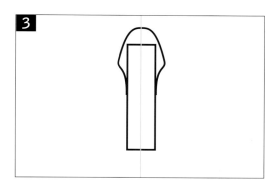

4 Transformieren Sie die Form mit dem Ankerpunkt-hinzufügen-Werkzeug und dem Pfeil (A).

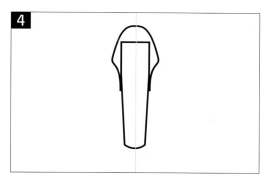

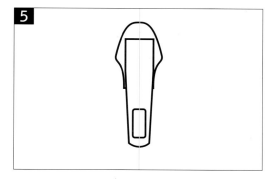

5 Als Loch für die Lasche ein abgerundetes Rechteck erstellen und einen Formmodus der Pathfinder-Palette verwenden. Überlappungen ausschließen.

146 Besatzentwurf für Fortgeschrittene und Besatz-Bibliotheken

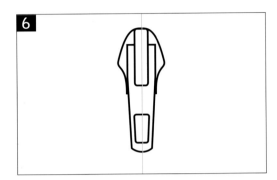

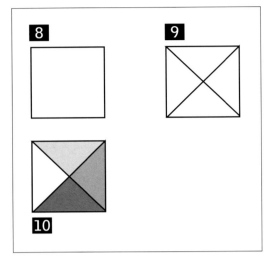

Pyramidenniete

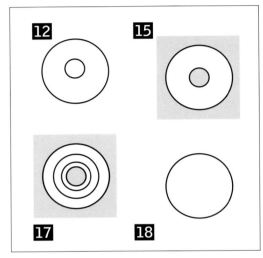

Öse und Druckknopf

6 Stellen Sie die Lasche fertig, indem Sie ein abgerundetes Rechteck als Befestigungsteil auf die Lasche zeichnen.

7 Alle Teile der Lasche mit der Ausrichtenpalette an einer vertikalen Achse ausrichten, dann gruppieren.

Knöpfe und Metallbeschläge (Haken, Ösen, Ziernieten usw.)

In den Übungen zuvor haben Sie bereits ein einfaches Vierlochknopfdesign und Nieten erstellt. Metallbeschläge sind recht einfach darzustellen und schnell zu zeichnen:

Pyramidenniete

8 Zeichnen Sie ein Quadrat.

9 Das Quadrat mit dem Messer-Werkzeug zweimal im Winkel von 45 Grad teilen.

10 Füllen Sie jedes Viertel mit einem anderen Grauton, um das Volumen der Pyramide darzustellen.

11 Die vier Viertel gruppieren.

Öse und Druckknopf

12 Zeichnen Sie zwei Kreise.

13 Die Kreise mithilfe der Ausrichtenpalette an beiden Achsen ausrichten.

14 Wählen Sie beide Kreise aus und klicken Sie in der Pathfinder-Palette unter **Formmodi** auf die Option **Überlappende Formbereiche ausschließen**. Klicken Sie dann auf **Umwandeln**.

15 Füllen Sie die neue Form mit Weiß.

Die Öse ist fertig. Kopieren Sie die Öse und verwenden Sie sie für den Druckknopf:

16 Fügen Sie einige Kreise hinzu.

17 Richten Sie sie mithilfe der Ausrichtenpalette an beiden Achsen aus.

18 Zeichnen Sie noch einen Kreis für die andere Seite des Druckknopfs.

Haken und Öse:

Öse:

19 Einen großen und einen kleineren Kreis wie in der Abbildung zeichnen.

20 Schneiden Sie mit dem Schere-Werkzeug die überflüssigen Segmente ab.

21 Fügen Sie die beiden Kreise zusammen.

22 Spiegeln Sie die beiden Kreise und fügen Sie die Enden der Ankerpunkte zusammen.

Besatzentwurf für Fortgeschrittene und Besatz-Bibliotheken   147

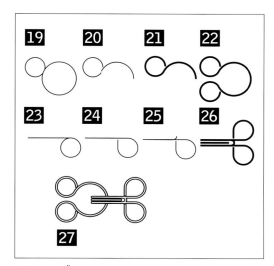

Haken und Öse

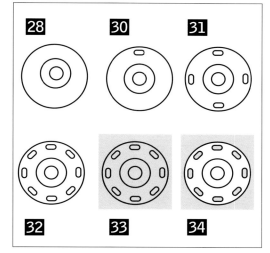

Druckknöpfe zum Aufnähen

Haken:

23 Kreis und gerade Linie zeichnen.

24 Das obere linke Kreissegment abschneiden, durch eine gerade Linie ersetzen.

25 Fügen Sie das zentrale Hakensegment und die Wölbung hinzu. Spiegeln Sie alle Teile des Hakens.

26 Die Endankerpunkte zusammenfügen.

27 Die Kontur für Haken und Öse festlegen.

Druckknopf zum Aufnähen:

28 Zeichnen Sie drei Kreise.

29 Mit der Ausrichtenpalette an beiden Achsen ausrichten.

30 Am inneren Rand des größten Kreises ein abgerundetes Rechteck zeichnen.

31 Den Mittelpunkt des Kreises als Ziel festlegen und das abgerundete Rechteck drehen. Schränken Sie die Drehung auf 90 Grad ein und duplizieren Sie. Dreimal wiederholen.

32 Wählen Sie die vier abgerundeten Vierecke aus und drehen und duplizieren Sie sie erneut, wobei Sie die Drehung auf 45 Grad einschränken.

33 Die vier abgerundeten Ecken auswählen und gruppieren.

34 Wählen Sie den größten Kreis und die abgerundeten Vierecke aus. Klicken Sie in der Pathfinder-Palette unter **Formmodi** auf die Option **Überlappende Formbereiche ausschließen**. Klicken Sie dann auf **Umwandeln**. Weiß füllen.

35 Alle Druckknopfelemente gruppieren.

Schnallen, Kunststoffschließen und Kordelstopper

Einige Schnallen sind recht einfach, während Schließen für Sportkleidung aufwendig zu zeichnen sind. Hier nur eine kleine Auswahl:

Gürtelschnalle

36 Zeichnen Sie ein abgerundetes Rechteck mit einem kleinen Wert für die abgerundeten Ecken.

37 Ein zweites, kleineres abgerundetes Rechteck zeichnen und beide Rechtecke an der vertikalen Achse ausrichten.

38 Füllen Sie beide Rechtecke mit Weiß.

39 Beide Rechtecke auswählen und in der Pathfinder-Palette unter **Formmodi** auf **Vom Formbereich subtrahieren** klicken. Dann auf **Umwandeln** klicken.

40 Zeichnen Sie ein vertikales Rechteck, das vom oberen bis unteren Ende der Schnalle auf der linken Seite reicht.

41 Mit dem Zeichenstift-Werkzeug ein gerades horizontales Segment zeichnen. Eine breite Kontur und abgerundete Linien dafür festlegen.

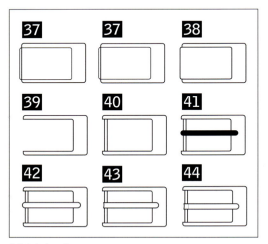

Gürtelschnalle

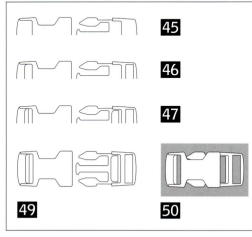

Kunststoffschließe

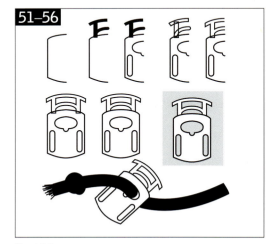

Kordelstopper

42 Das Segment mit einer schwarzen Kontur und einer weißen Füllung versehen.

43 Das linke Ende des Segments transformieren, damit es realistischer aussieht.

44 Bei Bedarf weitere Details hinzufügen.

Kunststoffschließe

45 Zeichnen Sie die Formen von zwei halben Schließen nach.

46 Fügen Sie Details der Formen hinzu.

47 Spiegeln Sie beide Elemente.

48 Alle Endankerpunkte zusammenfügen.

49 In der Pathfinder-Palette unter Formmodi auf **Vom Formbereich subtrahieren** klicken, dann auf **Umwandeln**.

50 Sitz der Teile beim Schließen prüfen.

Kordelstopper

51 Die halbe Form des Kordelstoppers zeichnen. Für den oberen Teil ist die Konturlinientechnik sehr praktisch.

52 Innendetails hinzufügen.

53 Den Stopper spiegeln und duplizieren.

54 Alle Endankerpunkte zusammenfügen.

55 Klicken Sie in der Pathfinder-Palette für einzelne Teile des Stoppers auf **Vom Formbereich subtrahieren** und **Dem Formbereich hinzufügen** (siehe Abbildung). Klicken Sie auf **Umwandeln**.

56 Zeichnen Sie eine zweiteilige Kordel, die durch den Stopper verläuft.

■ Tipp

Beim Entwurf von Besätzen nutzen Sie die Pathfinder-Palette, um eine Form von einer anderen zu subtrahieren oder auszuschließen. Indem Sie hinter dem Besatz ein farbiges Rechteck zeichnen, können Sie überprüfen, ob die Form richtig subtrahiert oder ausgeschlossen wurde.

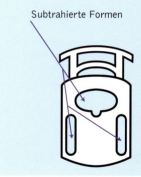

Subtrahierte Formen

Dekobesätze

Bei Damenkleidung werden unzählige Arten von Dekobesätzen verwendet, z.B. Strasssteine, Perlen oder Pailletten. Diese Besätze haben häufig eine einfache Form, kommen aber meist in großen Mengen an einem Kleidungsstück vor, daher sehen wir uns jetzt an, wie wir solche Besätze schnell und relativ einfach erstellen. Außerdem erfahren Sie in dieser Übung, wie man die Reflektionen und Glitzereffekte darstellt, die für diese Art von Besatz typisch sind.

Schmucksteine und Pailletten

Schmucksteine

Schmucksteine können recht unterschiedliche Formen haben, sind aber in der Regel symmetrisch. Um den Glamourfaktor zu erhöhen, können Sie die Steine glitzern lassen.

So erstellen Sie Schmucksteine mit Glitzereffekt:

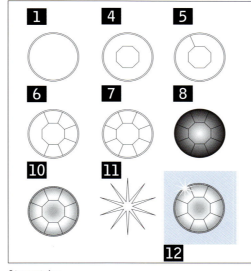

Strasssteine

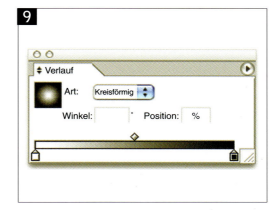

1 Fangen Sie mit einem Kreis an.

2 Verkleinern und duplizieren Sie ihn.

3 Erstellen Sie im Mittelpunkt jedes Kreises zwei Hilfslinien auf den vertikalen und horizontalen Achsen.

4 Mit dem Polygon-Werkzeug ein Achteck in die Mitte jedes Kreises zeichnen.

5 Wie abgebildet, ein Segment zeichnen, das vom Rand des Kreises bis zum Achteck reicht.

6 Drehen und duplizieren Sie das Segment, wobei Sie den Mittelpunkt des Kreises als Ziel festlegen. Schränken Sie die Drehung auf 45 Grad ein.

7 Wiederholen Sie das siebenmal.

8 Wählen Sie den äußersten Kreis und füllen Sie ihn mit dem Farbfeld Weiß/Schwarz radial aus der Farbfelderpalette.

9 Wählen Sie in der Verlaufpalette **Menü>Fenster>Verlauf** das Pop-up-Menü in der rechten oberen Ecke und blenden Sie die Optionen ein. Dann können Sie Farbfelder im angezeigten Schieberegler ablegen. Wenn Sie eine Farbe direkt auf der Reglerleiste ablegen, erstellen Sie eine neue Farbe; wenn Sie sie auf den Reglern ablegen, wird die vorhandene Farbe ersetzt.

10 Verschieben Sie die Regler bei Bedarf, um den Verlauf für den Schmuckstein zu bestimmen.

11 Um den Glitzereffekt zu erstellen, verwenden Sie das Stern-Werkzeug. Kli-

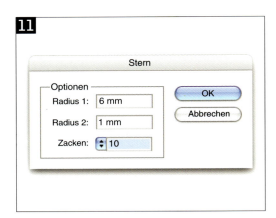

11 cken Sie auf die Zeichenfläche, damit sich das Dialogfeld **Stern** öffnet. Geben Sie für **Radius 1** einen großen Wert und für **Radius 2** einen kleinen Wert ein, außerdem die passende Anzahl Zacken.

12 Den Stern mit Weiß füllen, bei Bedarf die Größe verändern und auf dem Stein platzieren (siehe S. 149).

Pailletten

Pailletten befinden sich in der Regel in Blöcken auf einem Kleidungsstück oder bilden ein Muster. Anstatt alle einzeln zu zeichnen, verwenden Sie das Symbol-aufsprühen-Werkzeug von Illustrator. Die Symbolepalette haben wir bei der Erstellung der Besatz-Bibliothek verwendet, das Symbol-aufsprühen-Werkzeug ist aber neu für Sie. Aufgesprühte Symbole können mit den entsprechenden Symbol-Werkzeugen entfernt, skaliert, verschoben, gedreht und gestaucht werden.

Zuerst zeichnen Sie die Paillette so wie den Schmuckstein. Jedoch verwenden wir jetzt eine andere Methode, um den Glitzereffekt darzustellen. Aus jeder Facette wird ein einzelnes Objekt gemacht, das einen eigenen Farbverlauf hat. **Und so zeichnen Sie eine Paillette:**

13 Zeichnen Sie zwei Kreise: einen großen und einen, der erheblich kleiner ist. Kopieren Sie den kleineren Kreis.

14 Beide Kreise auswählen. In der Pathfinder-Palette erst auf **Vom Formbereich subtrahieren** klicken, dann auf **Umwandeln**.

15 Ein Sechseck zeichnen, mittig zwischen zwei Kreisen platzieren. Davor den kleineren Kreis einfügen. Kleinen Kreis und Sechseck auswählen und die Pathfinder-Aktion wiederholen (siehe Schritt 14).

16 Den großen Kreis auswählen, mit dem Messer-Werkzeug dreiteilen: vertikal, 45 Grad links und 45 Grad rechts. Die Linien sollten sich mit den Ecken des Sechsecks überschneiden. Eventuell zuerst ein Segment mit dem Zeichenstift-Werkzeug an der Stelle der Schnittlinie zeichnen und in eine Hilfslinie transformieren (Befehl+5). Dann entlang der Hilfslinie schneiden.

17 Wählen Sie das Sechseck aus und füllen Sie es mit einem linearen Verlauf. Falls erforderlich, den Verlauf ändern.

18 Den neuen Verlauf in allen Facetten der Paillette ablegen. Ändern Sie den Winkel des Verlaufs in der Verlaufpalette und passen Sie ihn an die Facetten an.

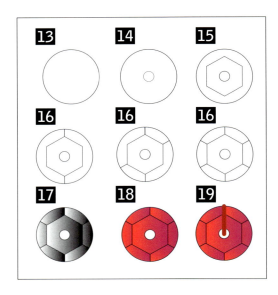

19 Der Paillette eine Stepplinie hinzufügen.

So verwenden Sie das Symbol-aufsprühen-Werkzeug für die Paillette:

20 Wählen Sie ganze Pailletten aus und legen Sie sie in der Symbolepalette ab.

21 Auf das Symbol-aufsprühen-Werkzeug doppelklicken. Im Dialogfeld **Symbol-Werkzeug-Optionen** im Feld **Dichte des Symbolsatzes** einen niedrigen Wert (1–2) eingeben. Klicken Sie auf **OK**.

22 Sprühen Sie das Symbol auf die Zeichenfläche, indem Sie leicht auf die

Besatzentwurf für Fortgeschrittene und Besatz-Bibliotheken   151

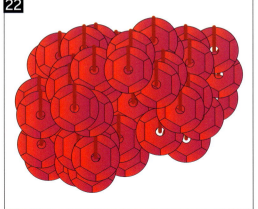

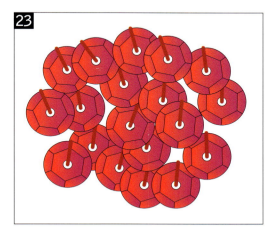

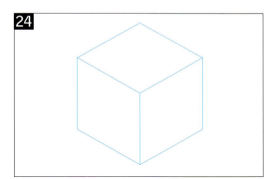

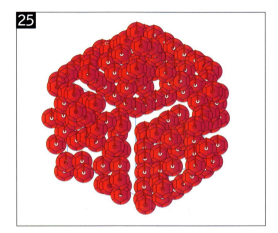

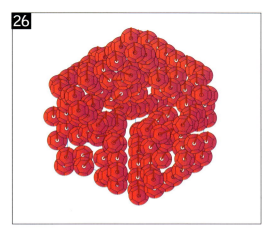

Maustaste drücken und die Maus ziehen.

23 Wenn die Symbole zu dicht liegen oder zu sehr verstreut sind, doppelklicken Sie wieder auf das Symbol-aufsprühen-Werkzeug und stellen die Dichte mit dem Schieberegler ein. Sie sehen dann auf der Zeichenfläche, wie sich die Abstände zwischen den Pailletten ändern.

24 Wenn die Dichte stimmt, zeichnen Sie eine Form als Vorlage für das Objekt, das Sie mit Pailletten besetzen wollen, z.B. einen Würfel.

25 Sprühen Sie die Pailletten über die Vorlagen und achten Sie darauf, dass keine Lücken entstehen. Kümmern Sie sich nicht darum, wenn mal etwas danebengeht.

26 Damit das Objekt nicht so linear wirkt, drehen Sie es mit dem Symbol-drehen-Werkzeug.

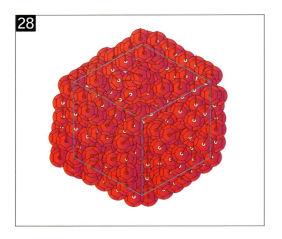

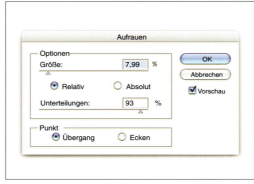

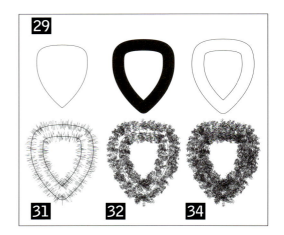

Pelzbesätze

Solche Besätze manuell zu erstellen, ist zeitraubend. Mit den Filtern von Illustrator erzielen Sie im Handumdrehen realistisch wirkende Pelzbesätze:

27 Lücken schließen Sie mit dem Symbolverschieben-Werkzeug.

28 Um überflüssige Symbole zu löschen, wandeln Sie die Symbole um (**Menü> Objekt>Umwandeln**), heben die Gruppierung auf und löschen sie einzeln.

Symbole können Sie wie bei der Besatz-Bibliothek auf der Zeichenfläche ablegen.

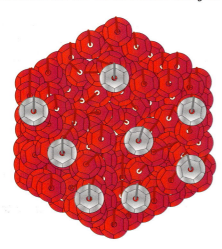

29 Eine Form für den Pelzbesatz zeichnen.

30 Kopieren und fügen Sie sie davor ein.

31 Wählen Sie **Menü>Filter>Verzerrungsfilter>Aufrauen**. Aktivieren Sie die **Vorschau** und experimentieren Sie mit den Details und den Schiebereglern, um das ideale Aussehen zu erzielen.

32 Für den Pelzbesatz eine dünne Konturlinie (unter 1 pt) festlegen. Den Besatz fixieren und die Form für den Besatz auswählen. Skalieren Sie die Form, damit sie in die Lücke zwischen dem äußeren und inneren Pelzpfad passt.

33 Transformieren Sie das skalierte Objekt mit dem Aufraufilter zu Pelz.

34 Wiederholen Sie die letzten beiden Schritte so oft, bis der Pelz realistisch wirkt.

Kapitel 17
Designdetails mit dem Pinsel erstellen

Der Pinsel des Illustrators ist ein vielseitiges und praktisches Werkzeug. In Kapitel 15 haben Sie bereits mit Bildpinseln gearbeitet, um Wascheffekte zu erzielen. Der Bildpinsel kommt einem echten Pinsel am nächsten. Für die Erstellung von Designdetails werden wir den Musterpinsel verwenden. Musterpinsel verwenden bis zu fünf verschiedene Komponenten, die als Elemente bezeichnet werden und mit Musterfeldern vergleichbar sind. Allerdings verwenden Musterpinsel den Inhalt der Elemente, um unterschiedliche Bereiche des Pinselstrichs darzustellen, z.B. Kante, innere Ecke, äußere Ecke, Anfang und Ende eines Pinselstrichs. Wenn Sie mit einem Musterpinsel malen, enthält das erstellte Segment das Musterelement der Quelle, das sich über die gesamte Länge eines Segments wiederholt. Musterelemente für einen Pinsel zu erstellen, ähnelt der Erstellung von Musterfeldern. Musterpinsel sind ein ideales Werkzeug zur Darstellung von Designdetails wie komplexe Steppnähte, Rippungen, Kordeln, Schlaufen, Gurtbänder usw. Wir beginnen die Übung mit einem Musterpinsel für eine Rippung.

Rippung

In Kapitel 11 haben wir mit einem Segment mit einer dicken, gestrichelten Konturlinie eine einfache Rippung für ein T-Shirt erstellt. Wenn jedoch die Form der Rippung keine senkrecht stehenden Ränder hat, läuft die Rippung unter Umständen über die Form hinaus. Sie können die Konturlinien dann nicht umwandeln, um die Rippen einzeln zu bearbeiten, wie das mit Musterpinseln möglich ist. Außerdem lassen sich mit dem Musterpinsel weitaus präzisere Details der Rippung darstellen.

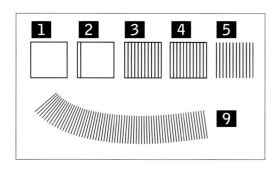

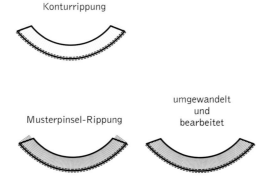

So erstellen Sie das Kantenelement für einen Musterpinsel:

1 Zeichnen Sie ein Quadrat und wählen Sie mit dem weißen Pfeil ein vertikales Segment aus. Kopieren Sie das Segment und fügen Sie es davor ein.

2 Das eingefügte Segment in das Innere des Quadrats verschieben, einschränken und duplizieren. Um das Verschieben zu duplizieren, drücken Sie Befehl+D (oder Strg+D für PC) so oft, bis das gesamte Quadrat mit Segmenten bedeckt ist.

3 Fixieren Sie das Quadrat (Befehl+2). Wählen Sie das letzte Segment aus und verschieben Sie es mit den Pfeiltasten, bis es genau auf dem vertikalen Rand des Quadrats sitzt.

4 Wählen Sie alle Segmente aus. Klicken Sie in der Ausrichtenpalette unter **Abstand verteilen** auf das Symbol **Horizontal verteilen: Abstand**.

5 Heben Sie die Fixierung des Quadrats auf und legen Sie keine Füllfarbe und keine Kontur dafür fest.

6 Wählen Sie das Quadrat aus und ziehen Sie es mit allen Segmenten mit Ausnahme des letzten in die Pinselpalette.

154 Designdetails mit dem Pinsel erstellen

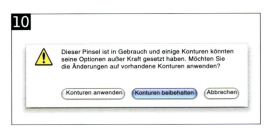

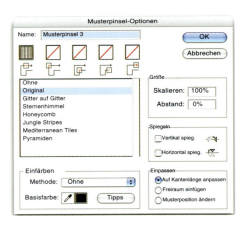

7 Im Dialogfeld **Neuer Pinsel** die Option **Neu: Musterpinsel** wählen, dann **OK**.

8 Im Dialogfeld Musterpinsel-Optionen klicken Sie einfach auf OK.

9 Wählen Sie das Pinsel-Werkzeug in der Werkzeugpalette aus und malen Sie damit ein langes, gebogenes Segment.

10 Um die Breite der Rippung zu ändern, klicken Sie in der Pinselpalette auf das Symbol des Musterpinsels. Die **Vorschau** aktivieren und den Prozentwert im Feld **Skalieren** ändern, **OK** klicken. Im Warnhinweis auf **Konturen anwenden** klicken.

■ **Tipp**

Sie können **einen Musterpinsel auf jedes erstellte Objekt oder Segment anwenden**: Objekt auswählen und auf den Musterpinsel klicken.

Steppnähte

Mit Musterpinseln können Sie auch komplexe Designs wie z.B. Flatlock-Nähte erstellen. Für die Naht brauchen Sie nur ein Kantenelement. Wir zeichnen das Kantenelement für die Flatlock-Naht:

11 Zeichnen Sie mit dem Zeichenstift-Werkzeug die Wiederholungssequenz der Naht.

12 Richten Sie die Elemente an vertikalen und horizontalen Hilfslinien aus.

13 Wenden Sie eine gestrichelte Linie auf die Nahtelemente an.

14 Alle Nahtelemente auswählen und in der Pinselpalette ablegen. **Neuer Pinsel** wählen und im Dialogfenster des Musterpinsels auf **OK** klicken.

15 Malen Sie mit dem Pinsel ein Segment oder wenden Sie den Musterpinsel auf ein bestehendes Segment an.

■ **Tipp**

Die Größe des Musterpinsels ändern Sie, indem Sie in der Konturpalette die Konturstärke ändern. Das geht schneller als über das Dialogfeld mit den Musterpinseloptionen.

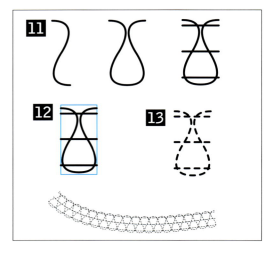

Für eine realistischer wirkende Steppnaht verwenden Sie anstelle der Gestrichelte-Linie-Technik den Musterpinsel. Abgebildet sind Beispiele für Steppnähte in gleicher Technik wie die Flatlock-Steppnaht. Wenn Sie für Knopflöcher anstelle des Zickzackfilters mit festgelegter Anzahl von Zacken zwischen Ankerpunkten Pinsel verwenden, erzielen Sie ein realistischeres unregelmäßiges Aussehen, da die Ankerpunkte nicht den gleichen Abstand voneinander haben.

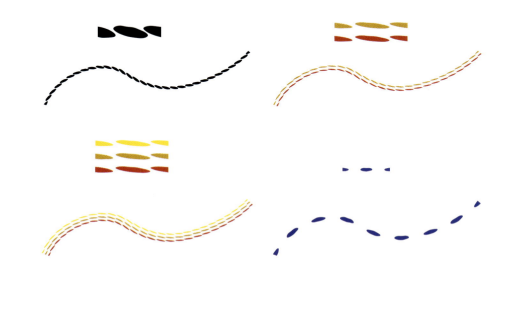

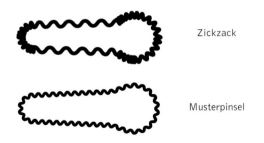

Zickzack

Musterpinsel

Kordeln, Zierbänder und Gurtbänder

Wie bereits in der Einführung dieses Kapitels erwähnt, können Pinsel aus bis zu fünf Musterelementen bestehen. In dieser Übung erstellen Sie Musterpinsel mit Kombinationen verschiedener Elemente. Wir fangen mit einer dreiteiligen Kombination für den Musterpinsel einer Kordel an.

Zeichnen Sie das Kantenelement der Kordel:

1 Zeichnen Sie die erste Komponente der Kordel.

2 Nach rechts verschieben; kopieren und schränken Sie sie ein. Befehl+D drücken und die Aktion dreimal wiederholen.

3 Suchen Sie einen Ankerpunkt in der Wiederholungssequenz, auf dem Sie eine vertikale Hilfslinie platzieren. Für die andere Seite wiederholen.

4 Schneiden Sie mit dem Messer-Werkzeug den überflüssigen Teil der Wiederholungssequenz ab, wobei Sie die Hilfslinien als Anhaltspunkt verwenden.

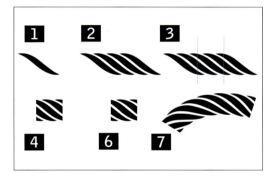

5 Mit dem weißen Pfeil einen Ankerpunkt am linken und einen zweiten am rechten Rand auswählen, mit dem er zusammengefügt wird. Für alle Ankerpunkte auf beiden Seiten wiederholen.

6 Alle Ankerpunkte am linken Rand auswählen und den Durchschnitt an der vertikalen Achse berechnen. Für den rechten Rand wiederholen.

7 Das Objekt in der Pinselpalette ablegen und im Dialogfeld **Neu: Musterpinsel** wählen. Prüfen Sie, ob das Muster Lücken oder Fehler enthält, indem Sie ein kurzes, gebogenes Segment malen.

So zeichnen Sie die Enden der Kordel:

8 Um sicherzustellen, dass die Enden mit dem Kantenelement verbunden sind, zeichnen Sie eine horizontale Hilfslinie in der Mitte des Elements.

9 Das rechte Ende der Kordel zeichnen. Es muss wie abgebildet am Kantenelement ausgerichtet sein.

10 Das rechte Ende der Kordel wählen und mit gedrückter Alt-Taste in der Pinselpalette in das Feld, das am weitesten vom rechten Rand des Kantenelements entfernt liegt, ziehen. Vergewissern Sie sich, dass die Enden im Dialogfeld angezeigt werden. Auf **OK** klicken. Wiederholen Sie die Aktion für das linke Kordelende, legen Sie dieses Ende aber in das Feld links vom rechten Kordelende ab.

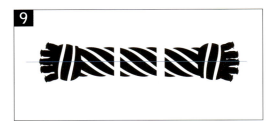

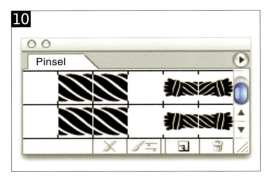

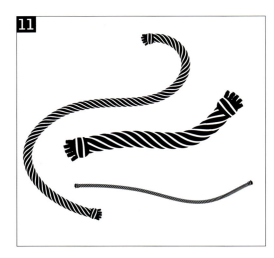

11 Testen Sie den Pinsel und bearbeiten Sie ihn bei Bedarf. Um die Kordel dünner zu machen, legen Sie eine kleinere Konturstärke dafür fest.

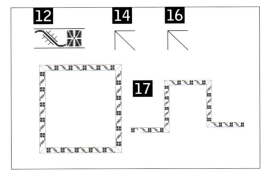

Zierbänder

Mit den Musterpinseln und Musterelementen für innere und äußere Ecken können Sie auch Zierbänder erstellen. Diese sind in der Regel nicht dehnbar, also nicht mit dem Freihandpinsel zeichnen. Wenden Sie den Musterpinsel stattdessen auf rechteckige Objekte oder andere Pfade mit 90-Grad-Winkeln an.

12 Zeichnen Sie zunächst das Kantenelement (der Stickeffekt wird durch einfache Ellipsenformen dargestellt).

13 Legen Sie das Element in der Pinselpalette ab und wählen Sie Musterpinsel.

14 Erstellen Sie das Element für die äußere Ecke, das darstellt, wie das Band um die Ecke geführt wird (vermeiden Sie komplizierte Eckdesigns – eine einfache Ecke spart Zeit).

15 Nun das Eckelement in das Feld ziehen, das am weitesten vom linken Rand des Elements entfernt ist, dabei die Alt-Taste gedrückt halten.

Designdetails mit dem Pinsel erstellen 157

16 Erstellen Sie das Musterelement für die innere Ecke, die genauso aussieht wie die äußere Ecke. Ziehen Sie das neue Element in das vierte Feld von links.

17 Wenden Sie den Musterpinsel auf eine Form mit 90-Grad-Winkeln an.

Gurtbänder

Gurtbänder können ebenfalls mit dem Pinsel-Werkzeug erstellt werden und werden ähnlich wie Kordeln angelegt.

18 Ein Kantenelement erstellen, in Pinselpalette ablegen. **Musterpinsel** wählen.

19 Ganz rechts vom Kantenelement das Element für das rechte Ende ablegen.

20 Das Element für das linke Ende links vom rechten Kantenelement ablegen.

21 Sie können jetzt das Band mit dem Pinsel-Werkzeug erstellen oder den Musterpinsel auf ein ausgewähltes Segment anwenden.

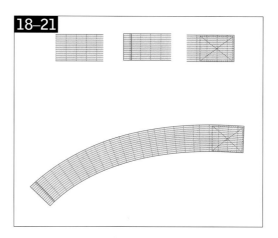

18–21

Gummizüge, Rüschen und Falten

Der Musterpinsel eignet sich nicht nur für Designdetails, sondern auch für ganze Teile eines Kleidungsstücks. Theoretisch könnten Sie eine Hose mit zwei Pinselstrichen erstellen, indem Sie die Elemente eines Musterpinsels als Komponenten eines Hosenbeins verwenden. Der Musterpinsel ist sehr praktisch bei Teilen, die viele Ankerpunkte und eine hohe Detailgenauigkeit erfordern, z. B. Gummizügen, Rüschen oder angesetzten Faltensäumen.

Faltensäume

1 Für einen realistisch aussehenden Faltensaum diesen als Freihandzeichnung erstellen, einscannen und als Vorlage in ein Illustrator-Dokument platzieren. Zeichnen Sie die Falten manuell mit dem Zeichenstift-Werkzeug nach.

2 Die Falten spiegeln und überprüfen, ob sie sich ohne Übergänge wiederholen.

3 Die Saumfaltenform in der Pinselpalette ablegen. **Musterpinsel** wählen.

4 Das linke Ende des Musterpinsels als einfaches Rechteck erstellen. Das Segment für die linke Ecke horizontal am Kantenelement ausrichten, sonst passen die Elemente nicht zueinander.

5 Mit der Alt-Taste das Segment in der Pinselpalette in das Feld vor dem Element für die rechte Ecke ablegen.

6 Zeichnen Sie das Element für das rechte Ende (linke Ecke spiegeln) und legen Sie es mit der Alt-Taste in dem am weitesten rechts liegenden Feld ab.

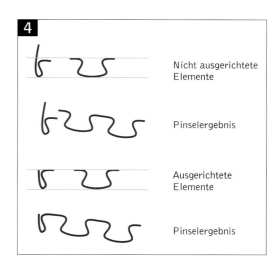

4

Nicht ausgerichtete Elemente

Pinselergebnis

Ausgerichtete Elemente

Pinselergebnis

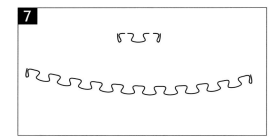

7 Zeichnen Sie mit dem Musterpinsel eine gebogene Linie, um eventuelle Lücken oder Probleme zu entdecken.

Sie können den Pinsel problemlos bearbeiten, indem Sie die Musterelemente auf der Zeichenfläche skalieren und mit der Alt-Taste wieder über den alten Elementen in der Pinselpalette ablegen. Wenn Sie ein Segment mit dem Pinsel-Werkzeug gemalt haben, können Sie es wie jedes andere Segment mit dem weißen Pfeil bearbeiten.

Damit der Saum fließender und nicht so steif wirkt, wenden Sie den Aufraufilter an und legen eine Pinselstärke von 0,5 pt fest, damit die Segmente mehr Falten haben.

Um gemalte Faltensegmente mit dem Kleidungsstück zusammenzufügen, wandeln Sie sie um (Menü>Objekt>Aussehen umwandeln), berechnen den Durchschnitt und fügen die Ankerpunkte von Faltensegmenten und Kleidungsstück zusammen.

Um Plisseefalten aus den Faltensegmenten zu machen, fügen Sie den Faltensaumelementen Plisseelinien hinzu und erstellen daraus einen neuen Musterpinsel.

Aufraufilter anwenden

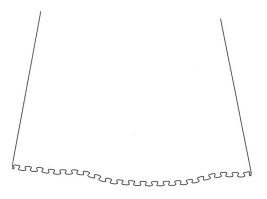

Gemalte Segmente mit dem Kleidungsstück zusammenfügen

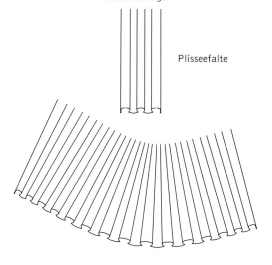

Plisseefalte

Rüschen und Volants

Rüschen und Volants können mit einem Musterpinsel in ähnlicher Technik wie für Saumfalten erstellt werden. Sie sehen meist unregelmäßiger aus als Falten, daher muss der Musterpinsel entsprechend gestaltet werden. Am besten zeichnen Sie ein längeres Elementsegment, in dem Sie mehr Zufallskomponenten unterbringen können. Platzieren Sie realistisch aussehende Rüschen oder Volants zur Vorlage als Freihandzeichnung in Illustrator. Zeichnen Sie die Form nach und verwenden Sie diese als neuen Musterpinsel.

8 Zeichnen Sie das Kantenelement mittels Freihandzeichnung als Vorlage oder direkt mit dem Zeichenstift-Werkzeug.

9 Alle oberen Ankerpunkte auswählen und den horizontalen Durchschnitt berechnen. Eine gerade Linie zeichnen.

10 Zwei Hilfslinien auf jede Seite der Rüsche ziehen. Links von der Rüsche, wo sie sich mit der Hilfslinie schneidet, einen Ankerpunkt hinzufügen. Verschieben und duplizieren Sie ihn auf die rechte Seite der Rüsche. Löschen Sie überflüssige Segmente.

11 Wählen Sie alle Ankerpunkte am linken Rand aus; berechnen Sie den vertikalen Durchschnitt und wiederholen Sie den Prozess für die rechte Seite.

12 Legen Sie das Element in der Pinselpalette ab und wählen Sie **Musterpinsel**.

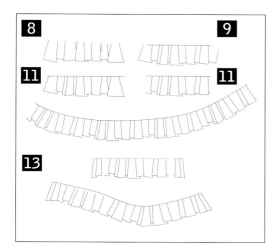 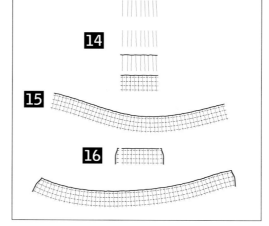

13 Die Musterelemente für das linke und rechte Ende zeichnen. Mit gedrückter Alt-Taste in den entsprechenden Feldern der Pinselpalette ablegen. Die Elemente für das linke und rechte Ende müssen am Kantenelement ausgerichtet sein (Hilfslinie dazu verwenden).

Die Rüsche können Sie genauso wie die Saumfalte bearbeiten – Sie können das Aussehen umwandeln oder sie mit der Form eines Kleidungsstücks zusammenfügen.

Gummizüge und Manschetten

Gummizüge und Manschetten werden ebenfalls mit der Technik erstellt, mit der Sie Falten und Rüschen gemalt haben. Diese Details enthalten in der Regel Steppnähte, Falten und einen Saum.

14 Zeichnen Sie ein Kantenelement mit der Technik, mit der Sie Rüschen und Saumfalten erstellt haben. Darauf achten, dass der linke Rand zum rechten passt. Wenden Sie den Aufraufilter an, damit es realistischer wirkt.

15 Legen Sie das Element in der Pinselpalette ab. Wählen Sie **Musterpinsel**. Probieren Sie den Pinsel aus.

16 Fügen Sie Elemente für das linke und rechte Ende hinzu, um den Musterpinsel fertigzustellen.

Es gibt unzählige Details und Teile von Kleidungsstücken, die sich mit Musterpinseln erstellen lassen, und ich hoffe, dass diese Beispiele Inspiration für viele neue Pinsel sind. Sie sollten Ihre Pinsel in einer eigenen Datei speichern, auf die Sie jederzeit Zugriff haben (siehe Besatz-Bibliotheken, Kapitel 16).

Kapitel 18
Logobesätze und Grafikstile

Viele Modeunternehmen nutzen zur Vermarktung ihrer Produkte Grafikdesign. In den letzten 25 Jahren hat es einen enormen Anstieg bei der Verwendung von Logos und Logobesätzen auf Kleidungsstücken und der entsprechenden Etikettierung und Verpackung gegeben. Computer und digitale Medien in Kombination mit schnelleren, besseren und billigeren Produktionsverfahren haben dies begünstigt. Illustrator war von Anfang an für Grafikdesigner gedacht gewesen und hat sich zu einer leistungsfähigen Grafikanwendung für Profis entwickelt.

Dieses Kapitel deckt die verschiedenen Aspekte von Grafikdesign in der Modebranche ab, z.B. Grafikstile für Logos und Logobesätze. Ein Modeunternehmen hat in der Regel einen Grafikdesigner, der für die Produktion von Logos und Logomustern für Kleidungsstücke verantwortlich ist, meist mit einem Modedesigner als Artdirector. Daher wirft dieses Kapitel nur einen flüchtigen Blick auf die verschiedenen Funktionen des Illustrators für Logodesign und Logobesätze und behandelt dieses Thema alles andere als erschöpfend.

Erstellung eines Logos

Ein Logoschriftzug ist die stilisierte Darstellung eines Markennamens auf Etiketten, Besätzen oder Kleidungsstücken. In den Grundlagenübungen haben Sie gelernt, wie man Text eingibt, nicht jedoch die Konvertierung von Text in editierbare Pfade. Wenn Sie in Illustrator Text eingeben, wird er so wie in einem Textverarbeitungsprogramm angezeigt. Sie können einzelne Wörter hervorheben und bearbeiten, sind dabei aber auf die vorinstallierten Schriften eingeschränkt. Darüber hinaus können Sie Text mit dem schwarzen Pfeil und dem Begrenzungsrahmen auswählen, ihn dehnen oder stauchen und drehen, mehr nicht. Für ein Markenlogo können Sie eine Freihandzeichnung einscannen oder es direkt mit dem Text-Werkzeug erstellen. In dieser Übung erstellen Sie ein Logo mit dem Text-Werkzeug und einer vom System vorgegebenen Schrift:

Bearbeitetes Logo in Standardschrift

1 Mit dem Text-Werkzeug den Markennamen eingeben, dehnen oder stauchen.

2 Wählen Sie **Menü>Schrift>In Pfade umwandeln** (oder Befehl+Umschalttaste+O).

3 Bearbeiten Sie mit dem weißen Pfeil Segmente und Ankerpunkte oder fügen Sie, wie abgebildet, Segmente hinzu.

4 Wenn das Logo fertig ist, sollten Sie es gruppieren.

Das ist die einfachste Methode, um ein Logo zu erstellen. Mit den Grafikstilen von Illustrator lässt sich einiges mehr erreichen.

Arbeiten mit Grafikstilen

Die Grafikstile in Illustrator sind Stil-Bibliotheken, die für ein bestimmtes grafisches Aussehen sorgen. Wenn Sie auf ein Logo oder Objekt einen Grafikstil anwenden, können Sie jederzeit wieder zum ursprünglichen Aussehen zurückkehren, da die Pfadstruktur des Logos nicht geändert wird. Sie können die in Illustrator vorhandenen Grafikstile verwenden oder eigene erstellen.

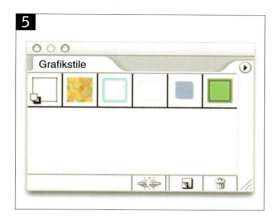

Vordefinierter Grafikstil von Illustrator

Vordefinierter Grafikstil, bearbeitet mit der Aussehenpalette

Zunächst wenden Sie einen vordefinierten Grafikstil auf das Logo an:

5 Achten Sie darauf, dass die Paletten Grafikstile und Aussehen eingeblendet sind.

6 Wählen Sie das Logo aus. In der Aussehenpalette sollte schwarze Fläche und keine Kontur angezeigt werden (oder eine beliebige andere Kombination).

7 Wählen Sie in der Grafikstilepalette ein Feld aus, indem Sie es anklicken.

Falls der ausgewählte Grafikstil nicht zu dem Logo passt, bearbeiten Sie ihn:

8 Wählen Sie mit dem schwarzen Pfeil das Logo aus, auf das Sie einen vordefinierten Grafikstil angewandt haben.

9 Klicken Sie in der Aussehenpalette auf das Flächen- oder Konturattribut.

10 Sie können die Attribute des Grafikstils ändern, indem Sie in den entsprechenden Paletten Konturstärke, Farbe und Strich ändern.

11 Wenn Sie den Stil bearbeitet haben, klicken und ziehen Sie das zugehörige Symbol (oben links) aus der Aussehenpalette in die Grafikstilepalette, um die Änderungen zu speichern.

Sie können einem Grafikstil auch neue Attribute und Effekte hinzufügen.

So fügen Sie einem Grafikstil Attribute hinzu:

12 Wählen Sie das Logo mit dem neuen Grafikstil aus. Klicken Sie auf das Pop-up-Menü der Aussehenpalette (oben rechts) und wählen Sie **Neue Kontur hinzufügen**.

13 Das neue Konturattribut wird an oberster Stelle angezeigt. Sie können die Reihenfolge der Attribute in der Aussehenpalette ändern, indem Sie die Attribute an eine neue Stelle ziehen.

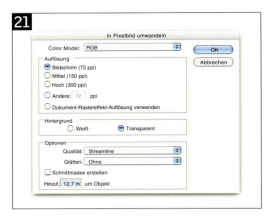

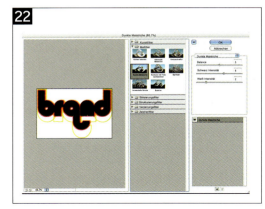

14 Bearbeiten Sie das neue Konturattribut in den entsprechenden Paletten.

So fügen Sie den Grafikstilattributen einen neuen Effekt hinzu:

15 Das Logo auswählen. In der Aussehenpalette das Attribut auswählen, dem Sie einen Effekt hinzufügen möchten.

16 Wählen Sie z. B. **Menü>Effekt> Pfad>Pfad verschieben**.

17 Aktivieren Sie im Dialogfeld **Pfad verschieben** die Vorschau und ändern Sie den Versatz. Klicken Sie auf **OK**.

18 Eventuell müssen Sie die Attribute in den entsprechenden Paletten ändern, damit der auf das Logo angewandte Effekt besser aussieht.

Sie können realistischere Effekte hinzufügen, um das Logo noch drastischer zu verändern, wenn Sie Photoshop-Effekte aus dem Effektemenü der Anwendung verwenden.

Bevor Sie Photoshop-Effekte verwenden, sollten Sie das Logo oder Objekt zuerst in ein Pixelbild umwandeln. Mit diesem Prozess werden Vektorgrafiken in Bitmap/Pixel-Bilder umgewandelt.

Photoshop-Effekte auf das Logo anwenden:

19 Wählen Sie **Menü>Datei>Dokumentfarbmodus>RGB-Farbe**.

20 Das letzte Logo mit einem Grafikstil auswählen.

21 **Menü>Objekt>In Pixelbild umwandeln** wählen. Im Dialogfeld Auflösung von 300 dpi wählen. Alle anderen Werte unverändert lassen. Auf **OK** klicken.

Logobesätze und Grafikstile 163

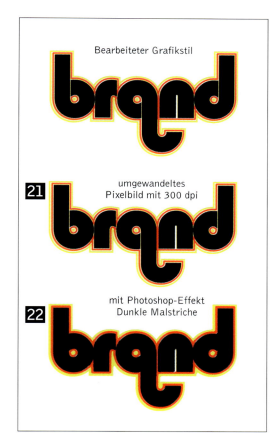

Symbol Standardstil

22 Wählen Sie z.B. **Menü>Effekt>Malfilter>Dunkle Malstriche.** Die entsprechenden Werte eingeben, auf **OK** klicken.

Photoshop-Effekte können Sie den Attributen eines Logos auch direkt hinzufügen:

23 Wählen Sie **Menü>Datei>Dokumentfarbmodus>RGB-Farbe.**

24 Wählen Sie das letzte Logo mit einem Grafikstil aus.

25 Wählen Sie **Menü>Effekt>In Pixelbild umwandeln.** Im Dialogfeld **Auflösung** 300 dpi wählen und alle anderen Werte unverändert lassen. Klicken Sie auf **OK**.

26 Wählen Sie in der Aussehenpalette das Flächenattribut aus.

27 Wählen Sie z.B. **Menü>Effekt>Zeichenfilter>Kreide & Kohle** aus. Ändern Sie die Werte entsprechend. Klicken Sie auf **OK**.

Diese Technik hat den Vorteil, dass Sie Attribute beliebig ändern, löschen oder hinzufügen können. Wenn Sie Effekte allerdings auf das gesamte Logo (Objekt) angewandt haben, können Sie anschließend nichts mehr ändern.

Sie können **einen Grafikstil auch von Grund auf neu erstellen,** indem Sie ein Objekt oder ein Logo ohne Stilattribut auswählen. Fügen Sie über das Pop-up-Menü der Aussehenpalette ein Kontur- oder Flächenattribut hinzu. Erstellen Sie dann einen eigenen Grafikstil, indem Sie Konturen und Effekte hinzufügen.

Sie können einen auf ein Objekt angewandten Grafikstil jederzeit entfernen, indem Sie auf den Standardstil in der Grafikstilepalette klicken. Darüber hinaus können Sie das Aussehen eines Grafikstils über **Menü> Objekt>Aussehen umwandeln** verändern. Mit dieser Option wandeln Sie den Grafikstil in editierbare Pfade und Ankerpunkte um. Bei Grafikstilattributen, die Photoshop-Effekte enthalten, ist dies allerdings nicht möglich.

Logobesätze

Wenn das Logo fertig ist oder Sie vom Grafikdesigner ein Firmenlogo bekommen, können Sie es auf Ihre Entwürfe anwenden oder eine Markenbibliothek (siehe Kapitel 16) anlegen, die alle Logos, Kleideretiketten usw. der Marke enthält. Logos sollten nicht verzerrt werden, Sie sollten ein Logo also immer proportional skalieren (bei gedrückter Umschalttaste), um ein Dehnen/Stauchen zu verhindern. Manchmal werden Sie einen Markennamen in einen Knopf schreiben und ihn entsprechend anpassen müssen. Am einfachsten geht das mit dem Pfadtext-Werkzeug von Illustrator.

So erstellen Sie ein Logo entlang eines Pfads:

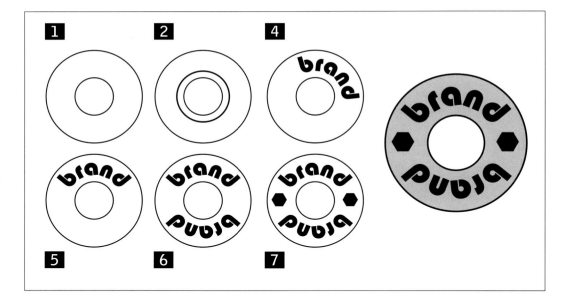

1 Kreieren Sie einen Knopf oder nehmen Sie einen aus Ihrer Besatz-Bibliothek.

2 Wählen Sie den äußersten Kreis und verkleinern Sie ihn. Schränken Sie ihn ein und duplizieren Sie ihn.

3 Das Pfadtext-Werkzeug wählen und auf eine beliebige Stelle im Kreis klicken.

4 Geben Sie den Markennamen ein und verwenden Sie möglichst eine Schrift, die dem Markenlogo ähnlich ist.

5 Klicken und ziehen Sie den Balken für die Texteingabe mit dem weißen Pfeil auf die linke Seite des Logos. Sie können das Logo jetzt horizontal ausrichten.

6 Nun den gesamten Textpfad kopieren, davor einfügen und drehen.

7 Fügen Sie bei Bedarf Zierelemente hinzu.

Jetzt können Sie den Knopf in einer Symbolepalette ablegen und daraus das erste Element einer Logobesatz-Bibliothek machen.

Diese Technik kann nur auf Standardschriften angewandt werden und funktioniert bei einem bearbeiteten Logo nicht. Im nächsten Kapitel erfahren Sie, wie Sie einen Logoknopf mit Verkrümmungseffekten erstellen.

Kapitel 19
Änderung und Präsentation von Entwürfen

Zu den auffallendsten Veränderungen in der heutigen Modewelt gehört das ständig wachsende Volumen der auf dem Markt verfügbaren Kleidungsstücke und Marken. Von Designern wird erwartet, dass sie immer schneller immer mehr Stile, Kollektionen, Sonderkollektionen und Variationen davon produzieren. Illustrator kann einem Designer dabei helfen, seine Arbeiten zu variieren, unter anderem durch den Einsatz von Effektfunktionen. Mit den Effektfunktionen können Sie eine Originalform im Handumdrehen ändern, sodass Sie mehr Zeit für die Erstellung neuer Formen und Variationen haben. Wenn Modedesigner an einer neuen Kollektion arbeiten, präsentieren sie ihre Entwürfe meist erst einmal den Mitarbeitern. Die ausgewählten Entwürfe werden dann zur Produktion von Prototypen und Mustern an das Fertigungsunternehmen oder Produktionsagenturen geschickt. Gleichzeitig werden die Entwürfe vielleicht wichtigen Kunden gezeigt als Vorschau auf die nächste Kollektion. Bei dieser Art der Präsentation würden Sie riskieren, dass Ihre Entwürfe nicht gut zur Geltung kommen oder falsch verstanden werden, wenn Sie lediglich eine technische Zeichnung in einem bestimmten Stil erstellen würden. Es kann z.B. vorkommen, dass ein Designer mit einem reduzierten, einfachen Stil hervorragend mit seinen Fertigungsunternehmen zusammenarbeitet, aber massive Probleme mit Einkäufern hat. Was ist die Lösung? Zwei oder drei Versionen von einem Entwurf erstellen? Das ist mit Sicherheit kontraproduktiv, es sei denn, ein Designer nutzt die Effektfunktionen von Illustrator, um schnell und problemlos das Aussehen seiner Zeichnungen zu ändern und so besser mit unterschiedlichen Parteien kommunizieren zu können.

Verkrümmungseffekte verwenden

Verkrümmungseffekte lassen aus dem Entwurf eines Kleidungsstücks schnell Neues entstehen:

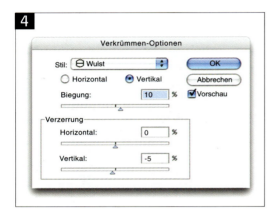

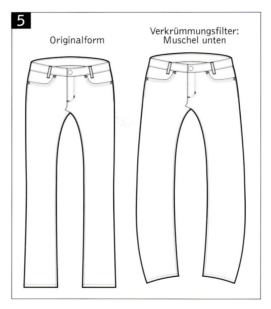

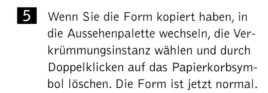

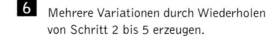

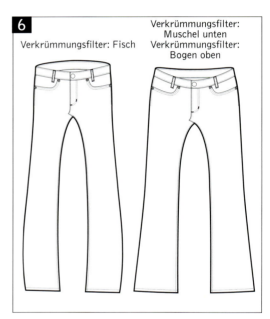

So wenden Sie Verkrümmungseffekte auf Ihre Entwürfe an:

1. Öffnen Sie eine der Zeichnungen, die Sie in den Übungen erstellt haben, z.B. die Jeans. Kopieren Sie sie und fügen Sie sie in ein neues Dokument ein.

2. Alle Details und die Form auswählen.

3. **Menü>Effekt>Verkrümmungsfilter> Wulst** oder anderen Filter wählen.

4. Im Dialogfeld **Verkrümmen-Optionen** die Vorschau wählen und den Regler verschieben, um die **Biegung** zu bestimmen. Mit **OK** bestätigen. Die zugrunde liegende Form wird dadurch nicht verändert, Sie können sie daher duplizieren und eine andere Variation erstellen.

5. Wenn Sie die Form kopiert haben, in die Aussehenpalette wechseln, die Verkrümmungsinstanz wählen und durch Doppelklicken auf das Papierkorbsymbol löschen. Die Form ist jetzt normal.

6. Mehrere Variationen durch Wiederholen von Schritt 2 bis 5 erzeugen.

Sie können auch das in Kapitel 18 erstellte **Logo verkrümmen**, damit es auf eine Knopfform passt (Verkrümmungsfilter: Bogen). Das Logo wird dabei verzerrt und ist eventuell nicht mehr als Markenlogo zu verwenden.

Änderung und Präsentation von Entwürfen 167

Entwürfe mit Hüllen verzerren

Mit Hüllengittern haben Sie mehr Kontrolle über den Verzerrungseffekt, da Sie ein editierbares Gitter über die Form legen. Diese Funktion hat allerdings einen Nachteil: Es ist schwer, eine Verzerrung mit Hüllengittern symmetrisch zu gestalten. Um Komplikationen zu vermeiden, sollten Sie daher ein Gitter mit wenigen Zeilen und Spalten verwenden.

Originalform   mit Hüllengitter verzerrt

So führen Sie eine Verkrümmung mit einem Hüllengitter durch:

1. Öffnen Sie eine der Zeichnungen, die Sie in den Übungen erstellt haben. Kopieren Sie die Form und fügen Sie sie in ein neues Dokument ein. Gruppieren Sie alle Komponenten.

2. Aktivieren Sie **Menü>Objekt>Verzerrungshülle>Mit Gitter erstellen** (oder Befehl+Alt+M).

3. Geben Sie im Dialogfeld **Hüllengitter** den Wert 1 für **Zeilen** und 2 für **Spalten** ein. Klicken Sie auf **OK**.

4. Wählen Sie das Gitter-Werkzeug in der Werkzeugpalette.

5. Klicken Sie in Höhe der Taille auf die Mittellinie. Sie erstellen eine Gitterzeile. Klicken Sie auf die verschiedenen Positionen entlang der Mittellinie, um weitere Gitterzeilen zu erstellen.

6. Klicken und ziehen Sie auf die Ankerpunkte des Gitters, um Form und Details des Kleids zu verändern. Achten Sie darauf, dass Sie linke und rechte Ankerpunkte jeweils gleich weit verschieben, um ein asymmetrisches Ergebnis zu vermeiden.

Musterpinsel mit Effekten ändern

Musterpinsel auf einem Segment oder einem Pinselstrich können Sie mit dem **Frei-verzerren-Effekt** ändern: **Menü>Effekt>Verzerrungs- und Transformationsfilter>Frei verzerren**.

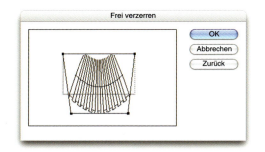

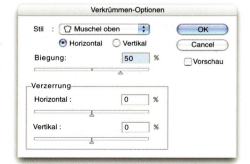

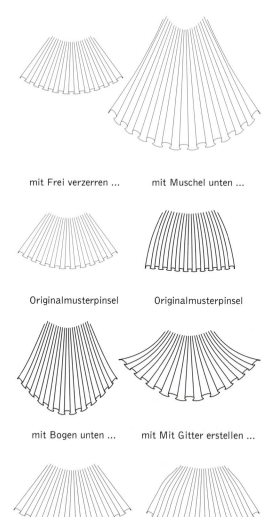

Originalmusterpinsel   mit Wulst ...

mit Frei verzerren ...   mit Muschel unten ...

Originalmusterpinsel   Originalmusterpinsel

mit Bogen unten ...   mit Mit Gitter erstellen ...

Sie können z. B. den Pinsel für den Faltensaum verzerren, sodass die Falten spitzer zusammenlaufen. Der Frei-verzerren-Effekt hat gewisse Einschränkungen, daher sind Verzerrungen mit Hüllen besser für Variationen von Musterpinseln geeignet. Wählen Sie ein Segment aus, auf das ein Musterpinsel angewandt wurde, und wählen Sie **Menü>Objekt>Verzerrungshülle>Mit Verkrümmung erstellen** (Befehl+Alt+W). Im Dialogfeld können Sie verschiedene vordefinierte Formen auswählen, auf die der Musterpinsel angewandt werden kann. Aktivieren Sie die **Vorschau**. Sie können auch die Option **Mit Gitter erstellen** verwenden (**Menü>Objekt>Verzerrungshülle>Mit Gitter erstellen** oder Befehl+Alt+M). Damit erstellen Sie ein Gitter, mit dem Sie den Pinselinhalt bearbeiten können, mit der gleichen Technik, die Sie auch für die Form eines Kleidungsstücks verwenden.

Änderung und Präsentation von Entwürfen 169

So werden Zeichnungen organischer und skizzenhafter

Was Schnitt und Proportionen angehen, sehen die Zeichnungen, die wir in den Übungen erstellt haben, so weit wie möglich, wie das fertige Kleidungsstück aus. Für den Produktionsbetrieb sind diese technischen Zeichnungen sehr gut geeignet. Sie können solche Zeichnungen jedoch bearbeiten und so verzerren, dass sie organischer und skizzenhafter wirken und damit auch für einen Verkaufskatalog geeignet sind, da Sie Stil und Linie einer Kollektion vermitteln. Das Kleidungsstück sieht dann weniger steif aus und hat mehr Definition.

Für einen skizzenhaften, organischen Eindruck verwenden Sie die **Verflüssigen-Werkzeuge**. Damit können Sie die Originalzeichnung im Handumdrehen verändern.

1. Eine Zeichnung aus einer Übung, z.B. das Sakko öffnen, kopieren und in ein neues Dokument einfügen.

2. Auf der Zeichnung nur die Elemente auswählen, die für eine Verzerrung geeignet sind, z.B. die Form und Steppnähte. Elemente wie Knöpfe nicht.

3. Trennen Sie in der Werkzeugpalette die schwebende Palette mit den Verflüssigen-Werkzeugen ab.

4. Auf das Verkrümmen-Werkzeug (ganz links) doppelklicken. Unter **Verkrümmen-Optionen** einen niedrigen Wert für **Detail** und einen großen Wert für **Vereinfachen** eingeben. Auf **OK** klicken.

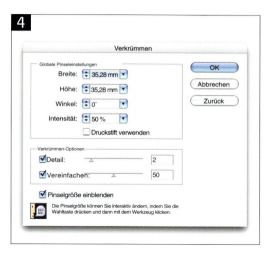

5. Klicken und ziehen Sie das Verkrümmen-Werkzeug über die Sakko-Form von oben nach unten entlang den Rändern. Sie können es auch nach links oder rechts bewegen, um Akzente zu setzen.

6. Wenn Sie mit dem Ergebnis nicht zufrieden sind, verändern Sie die Werkzeugoptionen oder die Pinselgröße.

7. Verwenden Sie die Verflüssigen-Werkzeuge für bestimmte Bereiche, z.B. die Ellbogen.

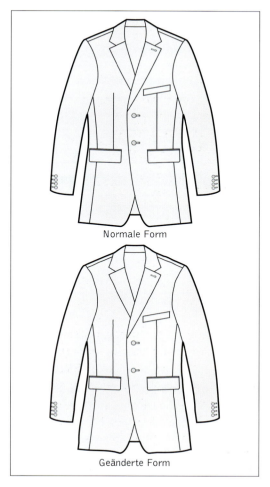

Normale Form

Geänderte Form

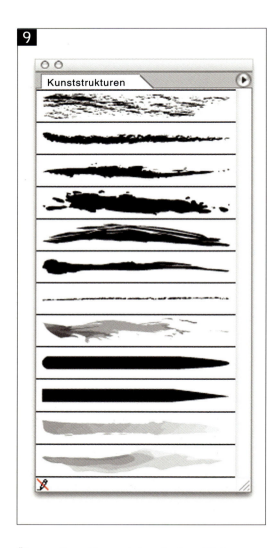

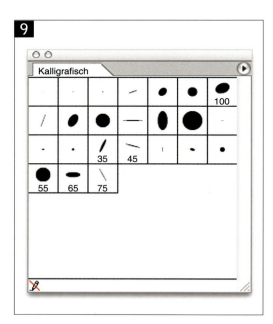

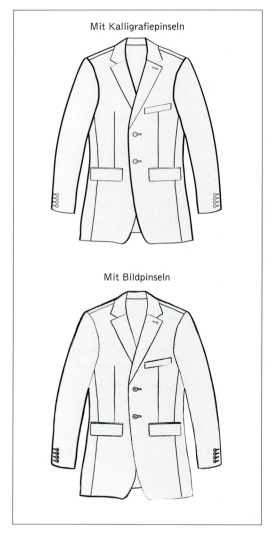

Übertreiben Sie es nicht mit den Effekten und setzen Sie die Verflüssigen-Werkzeuge zurückhaltend ein. Objekte mit Text oder Symbolen können nicht bearbeitet werden.

Nachdem Sie die Sakkoform mit den Verflüssigen-Werkzeugen aufgelockert haben, können Sie noch einige Bildpinsel anwenden, um den Entwurf skizzenhafter und organischer aussehen zu lassen.

So wenden Sie Bildpinsel auf das Kleidungsstück an:

8 Wählen Sie die Formkontur aus.

9 Wählen Sie in der Pinselpalette einen Bild- oder Kalligrafiepinsel aus (bei Bedarf können Sie weitere Bild- und Kalligrafiepinsel anzeigen).

10 Klicken Sie auf den Pinsel, den Sie auf die Form anwenden möchten.

11 Wiederholen Sie das mit verschiedenen Pinseln für verschiedene Teile des Entwurfs (Details, Steppnähte usw.).

Sie können einen eigenen Pinsel bearbeiten oder erstellen, um Ihren individuellen Stil auszudrücken (siehe Kapitel 17). Arbeiten Sie vorzugsweise mit einer geringen Konturstärke, um verwischte, undefinierte Striche zu vermeiden.

Kapitel 20
Weitergabe von Entwürfen

Dieses letzte Kapitel erläutert, wie Sie Illustrator-Dateien bearbeiten, damit Sie Ihre Entwürfe an andere weitergeben können. Eine gute Kommunikation ist unerlässlich, und die Vermeidung technischer Probleme spart Zeit und Ärger. Häufig arbeiten Fertigungsbetriebe oder Produktionsagenturen nicht mit Illustrator und verlangen daher Dateien in einem gängigen Format wie PDF. In diesem Kapitel werden drei Arten von Kommunikationsszenarien behandelt: Verschicken von Dateien per E-Mail, Druck von Dateien zur Präsentation auf Papier und schließlich die Bearbeitung von Dateien, damit sie für Layoutprogramme wie Adobe Indesign oder QuarkExpress verwendet werden können. Eine gute Ausgangsbasis wäre, mit Ihren Geschäftspartnern zu klären mit welcher Art von Software und Hardware sie arbeiten. Und die beste Strategie besteht darin, sich auf unterschiedliche Situationen einzustellen und so flexibel wie möglich zu sein.

Verschicken von Dateien per E-Mail

E-Mail gibt es seit etwa zehn Jahren, doch erst mit dem Aufkommen von ADSL und Breitband ist es möglich, große Datenmengen per E-Mail zu verschicken. Trotzdem beschränken Unternehmen oft die aus- und eingehenden Datenmengen, um Engpässe und unerwünschte Datentransfers zu vermeiden. Sie sollten also wissen, ob es eine solche Einschränkung gibt, bevor Sie große Dateien versenden. Außerdem sollten Sie den Empfänger fragen, ob er mit Adobe Acrobat Reader arbeitet (immer davon ausgehend, dass er nicht mit Illustrator arbeitet). Acrobat Reader basiert auf dem von Adobe entwickelten PDF-Format (Portable Document File). Die Anwendung lässt sich kostenlos unter www.adobe.com herunterladen und liegt in der Regel auch Mac OS X und Windows bei. Illustrator kann Dateien automatisch im PDF-Format speichern.

Bevor Sie eine PDF-Datei verschicken, sollten Sie Folgendes beachten:

1. Öffnen Sie das Illustrator-Dokument, das per E-Mail verschickt werden soll.

2. Prüfen Sie, ob Objekte außerhalb der A4-Seite liegen (wählen Sie alles aus, denn es könnte auch unsichtbare Ankerpunkte außerhalb der Seite geben).

3. Wandeln Sie alle Schriften in Pfade um. Das macht die Datei kleiner.

4. Wählen Sie in den Paletten Farbfelder, Pinsel, Grafikstile und Symbole im Pop-up-Menü **Alle unbenutzten auswählen.** Auf das Papierkorbsymbol klicken. Das macht die Datei kleiner.

5. Wählen Sie **Speichern unter** (Befehl+Umschalttaste+S) und speichern Sie das Dokument in einem neuen Ordner.

6. Aktivieren Sie im Dialogfeld **Speichern unter** im Feld **Format** die Option **Adobe PDF** und klicken Sie auf **OK** (Illustrator 10). Für Version 12 wählen Sie die von Illustrator vorgegebenen Standardeinstellungen. Es sind weitere Optionen verfügbar, doch das Standardformat funktioniert in 99 % aller Fälle. Wählen Sie eine PDF-Version, mit der der Empfänger arbeitet. Auf **OK** klicken.

> ■ **Tipp**
>
> Adobe Acrobat Reader basiert auf dem A4-Format (oder US-Letter). Verschicken Sie möglichst keine Dateien, die ein Format größer als A4 enthalten, wie z. B. Grafikmuster in Originalgröße. Acrobat reduziert ein zu großes Format automatisch auf A4.

Druck von Dateien zur Präsentation auf Papier

Papier ist für einen Designer im Grunde genommen das natürlichste Material zur Kommunikation und Präsentation seiner Entwürfe. Es gibt allerdings einige Dinge, die Sie beachten sollten, wenn Sie hochwertige, farbgetreue Ausdrucke erstellen möchten.

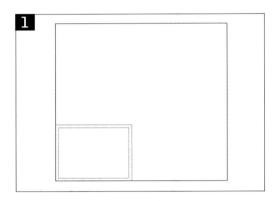

Seiten aufteilen

Mit einem Drucker können Sie bis zum Format A3 drucken, doch Illustrator kann Dokumente bis zu 3 m² bearbeiten. Diese kann man mit der Aufteilungsmethode drucken. Bei der Seitenaufteilung werden Seiten im Format A4 oder A3 auf einer beliebig großen Zeichenfläche aufgeteilt. Eine Zeichenfläche mit den Abmessungen 63 x 60 cm z.B. erfordert die Aufteilung auf sechs A4-Seiten. Eine Seitenaufteilung ist nur sinnvoll für Bildmaterial in Originalgröße (z.B. Motive für T-Shirts). Sie können in **Illustrator 10 und darunter** das Bild wie folgt als „Attrappe" ausdrucken und die Wirkung auf dem T-Shirt ausprobieren:

1 Öffnen Sie ein neues Dokument und geben Sie eine Dokumentgröße an, die der Größe des Bildmaterials entspricht,

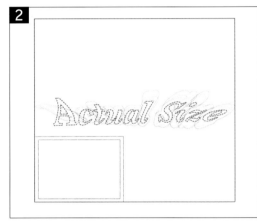

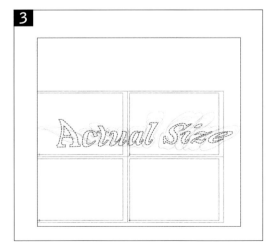

z.B. 630 x 600 mm. Standardmäßig platziert Illustrator eine einzelne A4-Seite auf die Zeichenfläche.

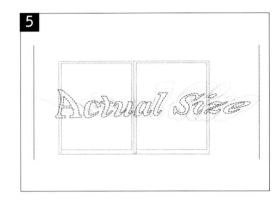

2 Nun das Bild in Originalgröße kreieren.

3 Wählen Sie **Menü>Datei>Dokumentformat** (Befehl+Alt+P). Im Dialogfeld die Option zur Aufteilung ganzer Seiten wählen. Auf **OK** klicken.

4 Wenn die Aufteilung nicht die gesamte Zeichenfläche abdeckt, gehen Sie wieder in das Dokumentformat und ändern die Ausrichtung.

5 Zwei A4-Seiten sind im Hochformat auf der Mitte der Zeichen platziert.

6 Zum Ändern das Seitenpositionierer-Werkzeug verwenden. Klicken und ziehen Sie einfach eine Seite in die linke untere Ecke der Zeichenfläche und lassen Sie dann die Maustaste los.

Weitergabe von Entwürfen 173

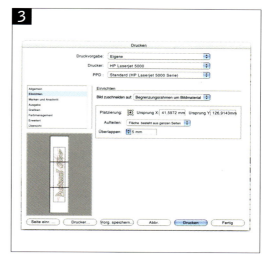

7 Wenn die Aufteilung nicht die gesamte Zeichenfläche abdeckt (in diesem Fall in der Breite), gehen Sie wieder in das Dokumentformat und ändern die Breite des Dokuments in einen größeren Wert (in diesem Fall 650 mm).

8 Illustrator teilt die Zeichenfläche automatisch noch weiter auf.

9 Für dieses Bild brauchen wir nur drei A4-Seiten. Gehen Sie wieder in das Dokumentformat und ändern Sie die Dokumenthöhe in 300 mm. Illustrator passt automatisch die Zeichenfläche und die Seitenaufteilung an.

10 Drücken Sie Befehl+P oder wählen Sie **Menü>Datei>Drucken**. Beachten Sie, dass es Lücken zwischen den einzelnen Seiten gibt, wenn Ihr Drucker keinen Randlosdruck beherrscht.

Beim Illustrator CS2 geht die Seitenaufteilung schneller und einfacher:

1 Ein neues Dokument öffnen und eine Größe angeben, die der Größe des Bilds entspricht, z.B. 630 x 600 mm, sonst platziert Illustrator eine einzelne A4-Seite auf die Zeichenfläche.

2 Erstellen Sie das Bildmaterial in Originalgröße.

3 **Menü>Datei>Drucken** (oder Befehl+P) wählen, dann im Dialogfeld **Drucken** im linken oberen Feld die Option **Einrichten**. Im Feld **Bild zuschneiden auf** die Option **Begrenzungsrahmen um Bildmaterial** wählen, im Feld Aufteilung die Option **Fläche besteht aus ganzen Seiten** und im Feld **Überlappen** einen Wert, der mit den Rändern Ihres Druckers übereinstimmt (z.B. 5 mm).

Druck von mehreren Seiten

Wenn Sie mehrere A4- oder A3-Seiten ausdrucken möchten, ist Illustrator nicht unbedingt das beste Programm. Daher sollten Sie nicht mehrere Entwürfe in einem Dokument speichern. Im Abschnitt „Dateien für Layoutanwendungen bearbeiten" erfahren Sie, wie Sie mehrere Seiten ausdrucken.

Farbkontrolle

Das Schwierigste beim Ausdrucken ist, die Bildschirmfarben auf dem Papier farbgetreu wiederzugeben. Die Probleme entstehen, weil die Farben auf dem Bildschirm im RGB-Modus dargestellt und aus Licht generiert werden, während Drucker zur Darstellung der gleichen Farben CMYK-Druckfarben verwenden. Wenn Sie mit Illustrator im CMYK-Farbmodus arbeiten, dürften Sie bessere Ergebnisse erzielen. Eine genaue Farbabgleichung ist in der Regel nur durch Ausprobieren möglich.

Eine gute Möglichkeit sind die Pantone-Farbkarten oder die Kollektions-Farbkarten, aus denen Sie Ihre Farbmuster am Bildschirm erstellen. Der nächste Schritt besteht darin, die digitale Farbkarte zu drucken und sie mit dem Originalfarbfeld abzugleichen. Wenn eine Farbe nicht stimmt, versuchen Sie herauszufinden, ob sie zu viel Gelb, Cyan oder Magenta enthält oder zu dunkel oder zu hell ist. Sie können dann die CMYK-Regler am Bildschirm ent-

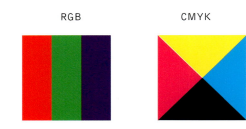

RGB CMYK

sprechend einstellen. Versuchen Sie, pro Farbmuster mehrere Felder zu erstellen, vor allem bei unterschiedlichen CMYK-Werten. Doch selbst wenn die Farben auf Ihrem Drucker stimmen, kann der Ausdruck auf einem anderen Drucker völlig anders aussehen, und selbst ein und derselbe Drucker stellt die Farben je nach verwendeter Tinte oder Tintenstand in den Patronen mitunter anders dar. Sie sollen daher alle Ausdrucke für Kunden mit genügend Vorlauf und auf dem Drucker ausdrucken, für den Sie die Farbkontrolle durchgeführt haben.

Dateien für Layoutanwendungen bearbeiten

Mit einseitigem Bildmaterial kommt IIlustrator gut zurecht, für ein mehrseitiges Layout ist die Anwendung jedoch weniger geeignet. Genau genommen gibt es gar keinen Mehrseitenmodus in Illustrator. Sie können lediglich ein Dokument mit einer großen Zeichenfläche erstellen und mehrere A4-Seiten darauf aufteilen, doch das ist mühsam und führt zu sehr großen Dateien, die sich nur schlecht im PFD-Format verschicken lassen. Am besten erstellen Sie immer nur eine Flachzeichnung von einem Kleidungsstück auf einer A4-Seite. Wenn Sie oder Ihr Grafikteam mit QuarkXpress arbeiten, müssen Sie eine Kopie der Originaldatei im EPS-Format (Encapsulated Post Script) speichern.

Wenn Ihre Kollegen mit Adobe InDesign arbeiten, können Sie die Datei im EPS-Format oder im Illustrator-Format speichern. Sie können sie auch im PDF-Format für Adobe Acrobat (Vollversion) speichern, dann ist ein mehrseitiges PDF-Dokument möglich. Größere Unternehmen verwenden häufig Datenbankanwendungen wie Quest PDM, um eine Kollektion zu verwalten, auszudrucken und über das Netzwerk zu verteilen. Abhängig von der verwendeten Software können Sie Ihre Datei dann im EPS- oder PDF-Format speichern. Am besten, Sie fragen in der IT-Abteilung nach, was das beste Format ist.

Ein letztes Wort

Das war's. Sie haben alle Übungen durchgearbeitet. Herzlichen Glückwunsch! Ich hoffe, dass Sie mit den hier erworbenen Kenntnissen schneller und kreativer arbeiten können, wenn Sie Ihre nächste Kollektion erstellen. Wenn ich Ihnen zum Schluss noch einen Rat geben darf, dann den, eifrig zu üben, was Sie gelernt haben, denn ohne Übung werden Sie alles schnell wieder vergessen!

Kevin Tallon

Register

A
Abgesteppter Sattel · 105
Acrobat Reader · 171
Adobe Indesign · 174
Artdirection · 141

B
Besatzentwurf für Fortgeschrittene · 143

C
CMYK · 20, 39, 174

D
Darstellung eines Kleidungsstücks · 122
Doppelklicken · 19
Doppelsteppnaht · 101
Dummy-Vorlage · 63
Durchscheinend · 129

E
Einschränken · 33
Einzelklick · 19
Einzelne Ankerpunkte · 59
E-Mail · 8
EPS-Format · 174

F
Fadenlauf · 114
Flachzeichnungen · 51
Form aufteilen · 114
Form in Hilfslinie verwandeln · 89
Freizeitkleidung · 135
Füllmethode · 129

G
Grafikdesigner · 141
Grundlagen · 19
GUI (Graphic User Interface) · 14

I
In Pixelbild umwandeln · 162
Interaktiv abpausen · 132

K
Klicken und ziehen · 19
Konturen und Effekte Skalieren · 22
Kragen · 50, 78

L
Logodesign · 160

M
Mac-Operator · 11
MacPaint · 6
Mausaktionen · 19
Menü Ansicht · 23
Messer-Werkzeug · 92
Mittellinie · 52
Muster transformieren · 22
Musterfeld · 112
Musterpinsel · 153

N
Navigieren · 24
Nieten · 103

P
Pathfinder · 94
Pfeiltasten · 32
Photoshop-Effekte · 162
Pinsel · 153
Pinsel-Werkzeug · 138, 157, 158
Polygon · 25
Produktionsprozess · 10

Q
QuarkXpress · 174

R
RGB · 20, 39, 174
Rippungseffekte · 108
Rüschen und Volants · 158

S
Saint Martins · 7
Schere-Werkzeug · 84
Shortcut-Symbole · 16
Spezialisierte Designfunktionen · 122
Sportswear · 141
Stoffmuster · 108
Symbole · 143

T
Tastaturbefehle · 19
Tipp · 11
Transparenzeffekte und Füllmethoden · 141

U
Unterarm · 78

V
Verflüssigen-Werkzeuge · 169
Voreinstellungen · 22
Vorschau und Pfadansicht · 23

W
Wegklicken · 19
Werkzeugpalette · 16
Winkel · 135, 149

Z
Zusammengesetzter Pfad · 135